目　次
— Contents —

🎧 音声ファイル無料ダウンロード

本書内の 🎧 の表示がある箇所の音声は、下記方法にて無料でダウンロードできます。

※音声ファイルは、各パートのパート別バージョンと、テスト開始の挨拶から終了の合図までのテスト本番バージョンの2パターンございます。

ダウンロードパスワード：**hskkako2101**

◇ 📱 スマホ・タブレットから

"App Store"、"Google Play ストア" で　HSK音声ポケット 🔍 　を検索して無料アプリをインストール

【手順】
① 「MYポケット」ページの　書籍を追加　をタップ
② 「書籍一覧」ページで、ダウンロードする書籍をタップ
③ 「PW入力」ページに、ダウンロードパスワードを入力し、　ダウンロード　をタップ

◆ 💻 パソコンから

URL：**https://ch-edu.net/hsk_kakomon2021/**

【手順】
①上記URLにアクセス
　（URLからアクセスする際は、検索欄ではなく、ページ上部のURLが表示されている部分に直接ご入力下さい。）
②アクセス先のページでダウンロードパスワードとメールアドレス等の必要事項を入力
③ご入力いただいたメールアドレス宛にダウンロードページURLが記載されたメールが届く
　（自動送信の為、ご入力いただいたメールアドレスに必ずお送りしています。受信しない場合は、迷惑メールフォルダー等をご確認下さい。それでも受信していない場合は再度初めからご登録下さい。）
④ダウンロードページにて音声（MP3）ファイルをダウンロード

※CDはご用意しておりませんのでご了承下さい。

はじめに

1. 本書について

○ 本書には、近年実施されたHSKの試験5回分の問題を収録しています。聴力問題の音声はすべて無料でダウンロードしていただけます。詳細は2ページをご覧ください。

○ 71ページからの解答・解説には、聴力問題のリスニングスクリプトと和訳、読解問題の和訳と解説を掲載しています。

○ 本書では、逐語訳を基本としていますが、訳文がなるべく自然な日本語となるよう、各文法要素が読み取れるような表現を使用しています。

2. 文法用語

解説では次の用語を使用しています。

文を構成するもの及び文の成分
・単語、連語（＝フレーズ）、節
・主語、述語、目的語、状語（＝連用修飾語）、定語（＝連体修飾語）、補語（状態補語、程度補語、結果補語、方向補語、可能補語、数量補語）

品詞等
名詞、時間詞、場所詞、方位詞、数詞、量詞（名量詞、動量詞）、数量詞、代詞（人称代詞、指示代詞、疑問代詞）、動詞、能願動詞（＝助動詞）、形容詞、副詞（一般副詞、否定副詞）、介詞、接続詞、助詞（構造助詞、動態助詞、語気助詞）、感動詞、擬声詞、離合詞、成語、慣用語、接頭辞、接尾辞

HSK 概要

　HSKは中国語能力検定試験 **"汉语水平考试"**（Hanyu Shuiping Kaoshi）のピンインの頭文字をとった略称です。HSKは、中国政府教育部（日本の文部科学省に相当）が認定する世界共通の中国語の語学検定試験で、母語が中国語ではない人の中国語の能力を測るために作られたものです。現在、中国国内だけでなく、世界各地で実施されています。

HSK の導入と試験内容

　HSKは、1990年に中国国内で初めて実施され、翌1991年から、世界各国で実施されるようになりました。

　2010年から導入されたHSKでは、これまで以上にあらゆるレベルの学習者に対応できるよう、試験難易度の幅を広げ、各段階での学習者のニーズを満たすことを目指しました。また、HSKは、中国語によるコミュニケーション能力の測定を第一の目的とした実用的な試験です。そのため、実際のコミュニケーションで使用する会話形式の問題や、リスニング、スピーキング能力の測定に重点をおいた試験となっています。

リスニング

会話形式の問題

コミュニケーション
能力を重視

HSK 受験のメリット

　HSKは、中国政府の認定試験であるため、中国において中国語能力の公的な証明として通用し、HSK証書は中国の留学基準や就職の際にも活用されています。

　また、2010年のリニューアルでは、ヨーロッパにおいて外国語学習者の能力評価時に共通の基準となるCEFR[※1]と合致するよう設計されたため、欧米各国の外国語テストとの互換性から難易度の比較がしやすく、世界のどの地域でも適切な評価を受けることが可能となりました。

中国語能力の測定基準

　⮕自分の中国語能力を測定することで、学習の効果を確認するとともに、学習の目標として設定することでモチベーション向上につながります。

企業への中国語能力のアピール

　⮕企業採用選考時の自己アピールとして中国語能力を世界レベルで証明できるだけでなく、入社後の実務においても中国語のコミュニケーション能力をアピールする手段になり、現地（中国）勤務や昇進等の機会を得ることにつながります。

中国の大学への留学や中国での就職

　⮕HSKは大学への本科留学の際に必要な条件となっています。また、中国国内での就職を考える際にも、中国語能力を証明するために必要な資格であると言えます。

日本国内の大学入試優遇

　⮕大学入試の際にHSKの資格保有者に対し優遇措置をとる大学が増えてきています。
　（詳細はHSK事務局HP：https://www.hskj.jp）

[※1]
CEFR（ヨーロッパ言語共通参照枠組み：Common European Framework of Reference for Languages: Learning, teaching, assessment）は、ヨーロッパにおいて、外国語教育のシラバス、カリキュラム、教科書、試験の作成時、および学習者の能力評価時に共通の基準となるもので、欧州評議会によって制定されたもの。学習者個人の生涯にわたる言語学習を、ヨーロッパのどこに住んでいても断続的に測定することができるよう、言語運用能力を段階的に明記している。

HSK 各級のレベル

HSKでは、1 級から 6 級までに級が分けられ、合否およびスコアによって評価されます。

難易度	級	試験の程度	語彙量	CEFR	
高	6級	中国語の情報をスムーズに読んだり聞いたりすることができ、会話や文章により、自分の見解を流暢に表現することができる。	5,000 語以上の常用中国語単語	C2	熟達した言語使用者
	5級	中国語の新聞・雑誌を読んだり、中国語のテレビや映画を鑑賞したりでき、中国語を用いて比較的整ったスピーチを行うことができる。	2,500 語程度の常用中国語単語	C1	
	4級	中国語を用いて、広範囲の話題について会話ができ、中国語を母国語とする相手と比較的流暢にコミュニケーションをとることができる。	1,200 語程度の常用中国語単語	B2	自立した言語使用者
	3級	生活・学習・仕事などの場面で基本的なコミュニケーションをとることができ、中国旅行の際にも大部分のことに対応できる。	600 語程度の基礎常用中国語単語及びそれに相応する文法知識	B1	
	2級	中国語を用いた簡単な日常会話を行うことができ、初級中国語優秀レベルに到達している。大学の第二外国語における第一年度履修程度。	300 語程度の基礎常用中国語単語及びそれに相応する文法知識	A2	基礎段階の言語使用者
低	1級	中国語の非常に簡単な単語とフレーズを理解、使用することができる。大学の第二外国語における第一年度前期履修程度。	150 語程度の基礎常用中国語単語及びそれに相応する文法知識	A1	

HSK1級 試験概要

※2023年6月試験時点

HSK1級について

　HSK1級は、受験生の日常中国語の応用能力を判定するテストで、「非常に簡単な中国語の単語と文を理解、または使用することができ、具体的なコミュニケーションを行うことができる。また、中国語を学習するための基礎能力も備えている」ことが求められます。主に週2〜3回の授業を半年間（1学期間）習い、150語程度の常用単語と文法知識を習得している者を対象としています。

試験内容

聴力（聞き取り）：約15分・放送回数2回

パート	形　式	問題数	配点
第1部分	放送される語句が写真と一致するかを答える	5題	
第2部分	放送される短文の内容に一致する写真を選ぶ	5題	100点
第3部分	放送される会話文の内容に一致する写真を選ぶ	5題	
第4部分	放送される短文の内容に関する問いに答える	5題	

読解：17分

パート	形　式	問題数	配点
第1部分	語句が写真と一致するかを答える	5題	
第2部分	短文に一致する写真を選ぶ	5題	100点
第3部分	短い疑問文とその答えを組み合わせる	5題	
第4部分	文中の空所に適切な語句を補う	5題	

○試験開始の前に、解答用紙に必要事項を記入する時間が与えられます。
○聴力試験終了後に、解答用紙に記入する時間が予備として3分間与えられます。

○聴力、読解の配点はそれぞれ100点、合計200点で評価されます。

○総得点120点が合格ラインです。

○HSK１級の成績報告には、聴力、読解のそれぞれの得点および総得点が明記されます。

○成績報告は合否に関わらず受験者全員（試験無効者を除く）に送付され、発送には試験後約60日を要します。

○試験の約１か月後から、HSK公式ホームページ（https://www.hskj.jp）にて成績照会を行うことが可能（准考証号と姓名の入力が必要）です。

○採点は中国本部にて実施しており、配点・採点基準等につきましては非公開となっております。

○HSKの成績は、外国人留学生が中国の大学に入学するための中国語能力証明とする場合、その有効期間は受験日から起算して２年間とされています。

ここでは、試験当日の注意事項や、試験の概要を紹介します。

持ち物

試験当日の持ち物を確認しておきましょう。

□ 受験票

□ 身分証明書（顔写真付きのもの）

□ 鉛筆（2B以上の濃いもの）

□ 消しゴム

□ 時計（携帯電話等は不可）

集合時間

受験票に記載されている集合時間を確認しておきましょう。

試験開始時刻の20分前に受付が開始されます。

試験開始時刻から試験の事前説明が始まり、これ以降は入室できなくなりますので注意しましょう。

試験の流れ

試験開始から終了までは次のような流れで進行します。

次ページ以降では、試験の流れを詳しく見ていきます。

※ 1級の試験では、聴力試験の放送内容以外の指示は日本語で行われます。聴力試験の放送内容は18ページで紹介していますので、事前に確認しておきましょう。

1. 試験開始

試験開始時刻になると、事前説明が始まります。

2. 必要事項の記入

試験官の指示に従い、受験票に記載されている番号などを参考にして必要事項の記入を行いましょう。

① 姓名 (名前)
② 中文姓名 (中国語の名前：記入不要)
③ 考生序号 (受験番号)
④ 考点代码 (受験地番号)
⑤ 国籍 (国籍：番号)
⑥ 年齢 (年齢)
⑦ 性別 (性別)

※③～⑥は左側の空欄に数字を記入したうえで、その横に並んでいる番号のうち、該当するものをそれぞれマークしてください。

■　汉 语 水 平 考 试 HSK（一 级 ）答 题 卡　■

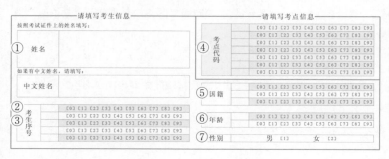

3. 注意事項の説明・問題用紙の配布

必要事項の記入が終わると、試験中の注意事項および試験の内容に関して、説明が行われます。その後、音量確認が行われ、問題用紙が配布されます。問題用紙は試験官から指示があるまで開封できません。

問題用紙に記載してある注意事項について、試験官から説明があります。

注意事項は次のとおりです。

> ① HSK1級の試験は2つの部分に分かれている。
> 1. 聴力（聞き取り）試験（20題、約15分間）
> 2. 読解試験（20題、17分間）
> ② 聴力試験の後、解答用紙に記入するための時間が3分間ある。
> ③ 試験時間は全部で約40分間（必要事項を記入する時間5分間を含む）

※会場ごとに聴力試験、読解試験の開始時間および終了時間が記入・掲示されますので、終了時間は会場ごとに異なる場合があります。

4. 聴力試験

説明の後、試験官より問題用紙開封と、聴力試験開始の合図があり、放送が開始します。

聴力試験中はすべての放送が中国語となります。聴力試験の試験時間は約15分間です。
※聴力試験の放送内容は18ページで紹介しています。

放送が終了すると、試験官より聴力試験終了の合図があります。その後3分間が与えられますので、解答を書ききれなかった場合は、この時間で解答の記入を行います。

5. 読解試験

解答用紙の記入時間が終了すると、試験官より読解試験開始の合図があります。

読解試験の試験時間は17分間です。

読解試験終了の5分前に、一度アナウンスがあります。

6. 試験終了

試験終了時間になると、試験官が問題用紙と解答用紙を回収します。

これで試験は終了です。試験官の指示に従って退出しましょう。

HSK 1 級の試験では、各パートの初めに例題が用意されています。

ここでは、例題の内容と和訳を紹介しています。各パートの問題形式を、確認しておきましょう。

	パート	問題数	時間	配点
听力 （聴力）	第 1 部分	5 題	約 15 分間	100 点
	第 2 部分	5 題		
	第 3 部分	5 題		
	第 4 部分	5 題		
阅读 （読解）	第 1 部分	5 題	17 分間	100 点
	第 2 部分	5 題		
	第 3 部分	5 題		
	第 4 部分	5 題		

1 听 力

第1部分

第1部分は、正誤判断の問題です。簡単な単語やフレーズがそれぞれ2回ずつ読み上げられます。読み上げられた単語が写真の内容と一致する場合には「✓」を、一致しない場合には「×」を選択しましょう。
あらかじめ写真を見て、単語を予測しておくことでスムーズに答えが導けます。

【例題】

スクリプト	hěn gāoxìng 很 高兴
スクリプト和訳	うれしい

正解 ✓

スクリプト	kàn diànyǐng 看 电影
スクリプト和訳	映画を観る

正解 ×

第2部分

第2部分は、短文の内容から写真を選択する問題です。
短文が2回ずつ読み上げられるので、短文の内容と一致する写真を選びましょう。写真は3つ与えられています。あらかじめ写真を見て、準備をしておきましょう。

【例題】

A　　　　B　　　　C

スクリプト	Zhè shì wǒ de shū. 这 是 我 的 书。
スクリプト和訳	これは私の本です。

正解 A

14

第３部分は、会話文の内容から写真を選択する問題です。
２人の会話文が２回ずつ読み上げられるので、会話の内容と一致する写真を選びましょう。写真は例題を除いて５つ与えられており、すべての選択肢が１回ずつ選ばれるようになっています。あらかじめ写真を見て、準備をしておきましょう。

【例題】

A   B   C   D   E   F

スクリプト

女：你好！
Nǐ hǎo!

男：你好！ 很高兴认识你。
Nǐ hǎo!   Hěn gāoxìng rènshi nǐ.

スクリプト和訳

女：はじめまして！
男：はじめまして！ お目にかかれてうれしいです。   正解 **C**

第４部分は、短文の内容に関する問題です。短文と、その内容に関する問いがそれぞれ２回ずつ読み上げられます。問いに対する答えとして正しいものを、与えられた３つの選択肢から選びましょう。あらかじめ３つの選択肢に目を通しておきましょう。選択肢にはピンインが書いてありますので、聞き取るときのヒントになります。

スクリプト

下午 我 去 商店，我 想 买 一些 水果。
Xiàwǔ wǒ qù shāngdiàn, wǒ xiǎng mǎi yìxiē shuǐguǒ.

问：他 下午 去 哪里？
Tā xiàwǔ qù nǎlǐ?

選択肢

A 商店   B 医院   C 学校
shāngdiàn   yīyuàn   xuéxiào

スクリプト和訳

私は午後にお店に行って、果物を少し買おうと思います。
問題：彼は午後にどこに行きますか？   正解 **A** (店)

2 阅 读

第1部分

第1部分は、正誤判断の問題です。写真と単語が与えられていますので、写真の内容が単語の意味と一致する場合には「✓」を、一致しない場合には「×」を選択しましょう。

【例題】

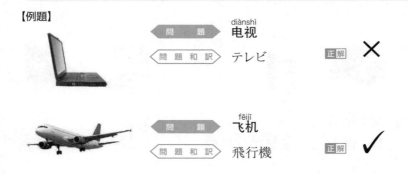

<table>
<tr><td>問 題</td><td>diànshì
电视</td><td></td><td></td></tr>
<tr><td>問題和訳</td><td>テレビ</td><td>正解</td><td>✕</td></tr>
</table>

<table>
<tr><td>問 題</td><td>fēijī
飞机</td><td></td><td></td></tr>
<tr><td>問題和訳</td><td>飛行機</td><td>正解</td><td>✓</td></tr>
</table>

第2部分

第2部分は、短文の内容から写真を選択する問題です。与えられた短文を読み取り、その内容と一致する写真を選びましょう。
写真は例題を除いて5つ与えられており、すべての選択肢が1回ずつ選ばれるようになっています。

【例題】

A   B   C   D   E   F

問 題   Wǒ hěn xǐhuan zhè běn shū.
我 很 喜欢 这 本 书。

問題和訳   私はこの本がとても好きです。   正解 **E**

第3部分は、疑問文の答えを選択する問題です。与えられた疑問文に対し、適切な返答を選びましょう。選択肢は例題を除いて5つ与えられており、すべての選択肢が1回ずつ選ばれるようになっています。

【例題】

選択肢
A 医院。 Yīyuàn.　B 下雨了。 Xiàyǔ le.　C 我不认识她。 Wǒ bú rènshi tā.
D 7岁。 suì.　E 下个月。 Xià gè yuè.　F 好的,谢谢! Hǎo de, xièxie!

問題
你喝水吗? Nǐ hē shuǐ ma?

問題和訳 お水を飲みますか?　正解 F(はい、ありがとう!)

第4部分

第4部分は、空所補充問題です。短文の空所部分に適切な語句を補い、意味の通る文章を作りましょう。語句の選択肢は例題を除いて5つ与えられており、すべての選択肢が1回ずつ選ばれるようになっています。

【例題】

選択肢
A 坐 zuò　B 前面 qiánmiàn　C 没关系 méi guānxi
D 名字 míngzi　E 汉语 Hànyǔ　F 月 yuè

問題
你叫什么( )? Nǐ jiào shénme

問題和訳 あなたは何という(名前)ですか?　正解 D(名前)

　ここでは聴力試験の放送内容を紹介しています。問題のスクリプトは解答・解説を参照してください。実際の試験で日本語は放送されません。

"Dàjiā hǎo! Huānyíng cānjiā yījí kǎoshì.
大家 好！欢迎 参加 HSK 一级 考试。"

「みなさん、こんにちは。HSK1級の試験にようこそ。」

（3回放送されます。）

"HSK 一级 tīnglì kǎoshì fēn sì bùfen, gòng èrshí tí.
听力 考试 分 四部分，共 20 题。
Qǐng dàjiā zhùyì, tīnglì kǎoshì xiànzài kāishǐ.
请 大家 注意，听力 考试 现在 开始。"

「HSK1級の聴力試験は4つの部分に分かれており、全部で20題です。

それでは、今から聴力試験を始めますので、注意して聴いてください。」

その後、第1部分から順に放送が始まります。

各部分の初めには

"Yígòng gè tí, měití tīng liǎngcì.
一共 ○ 个 题，每题 听 两次。"

「全部で○題あり、各問題の音声は2回ずつ流れます。」

というアナウンスがあります。

続いて例題が放送され、

"Xiànzài kāishǐ dì tí:
现在 开始 第 ○ 题："

「それでは、第○題から始めます。」

というアナウンスの後、問題が始まります。

すべての問題が終わると、

"Tīnglì kǎoshì xiànzài jiéshù.
听力 考试 现在 结束。"

「これで聴力試験は終わります。」

とアナウンスがあり、試験官の指示が続きます。

汉语水平考试 HSK（一级）答题卡

── 请填写考生信息 ──

按照考试证件上的姓名填写：

| 姓名 | |

如果有中文姓名，请填写：

| 中文姓名 | |

考生序号	[0] [1] [2] [3] [4] [5] [6] [7] [8] [9]
	[0] [1] [2] [3] [4] [5] [6] [7] [8] [9]
	[0] [1] [2] [3] [4] [5] [6] [7] [8] [9]
	[0] [1] [2] [3] [4] [5] [6] [7] [8] [9]

── 请填写考点信息 ──

考点代码	[0] [1] [2] [3] [4] [5] [6] [7] [8] [9]
	[0] [1] [2] [3] [4] [5] [6] [7] [8] [9]
	[0] [1] [2] [3] [4] [5] [6] [7] [8] [9]
	[0] [1] [2] [3] [4] [5] [6] [7] [8] [9]
	[0] [1] [2] [3] [4] [5] [6] [7] [8] [9]
	[0] [1] [2] [3] [4] [5] [6] [7] [8] [9]

| 国籍 | [0] [1] [2] [3] [4] [5] [6] [7] [8] [9] |
| | [0] [1] [2] [3] [4] [5] [6] [7] [8] [9] |

| 年龄 | [0] [1] [2] [3] [4] [5] [6] [7] [8] [9] |
| | [0] [1] [2] [3] [4] [5] [6] [7] [8] [9] |

| 性别 | 男 [1]　　女 [2] |

| 注意 | 请用 2B 铅笔这样写：▄ |

一、听 力

1. [√] [X]　　6. [A] [B] [C]　　11. [A] [B] [C] [D] [E] [F]　　16. [A] [B] [C]

2. [√] [X]　　7. [A] [B] [C]　　12. [A] [B] [C] [D] [E] [F]　　17. [A] [B] [C]

3. [√] [X]　　8. [A] [B] [C]　　13. [A] [B] [C] [D] [E] [F]　　18. [A] [B] [C]

4. [√] [X]　　9. [A] [B] [C]　　14. [A] [B] [C] [D] [E] [F]　　19. [A] [B] [C]

5. [√] [X]　　10. [A] [B] [C]　　15. [A] [B] [C] [D] [E] [F]　　20. [A] [B] [C]

二、阅 读

21. [√] [X]　　26. [A] [B] [C] [D] [E] [F]　　31. [A] [B] [C] [D] [E] [F]　　36. [A] [B] [C] [D] [E] [F]

22. [√] [X]　　27. [A] [B] [C] [D] [E] [F]　　32. [A] [B] [C] [D] [E] [F]　　37. [A] [B] [C] [D] [E] [F]

23. [√] [X]　　28. [A] [B] [C] [D] [E] [F]　　33. [A] [B] [C] [D] [E] [F]　　38. [A] [B] [C] [D] [E] [F]

24. [√] [X]　　29. [A] [B] [C] [D] [E] [F]　　34. [A] [B] [C] [D] [E] [F]　　39. [A] [B] [C] [D] [E] [F]

25. [√] [X]　　30. [A] [B] [C] [D] [E] [F]　　35. [A] [B] [C] [D] [E] [F]　　40. [A] [B] [C] [D] [E] [F]

1 級第 1 回

※テスト全体を通したテスト本番バージョンもダウンロード
　していただけます。
　（21K1Q-test1）

第 **1** 部分 ━━━ 🎧 21K1Q1-1

第 1-5 题

 ✓

例如：

 ✕

1.

2.

3.

4.

5.

第 6-10 题

例如：

A ✓ B C

6. A B C

7. A B C

8. A B C

9. A B C

10. A B C

第 1 回

第 11-15 题

A 　　　　B

C 　　　　D

E 　　　　F

例如：　女：你好！
Nǐ hǎo!

　　　　男：你好！很高兴认识你。
Nǐ hǎo! Hěn gāoxìng rènshi nǐ.
　　　　　　　　　　　　　　　　　　　　C

11. ☐

12. ☐

13. ☐

14. ☐

15. ☐

第 16-20 题

例如：　Xiàwǔ wǒ qù shāngdiàn, wǒ xiǎng mǎi yìxiē shuǐguǒ.
　　　　下午 我 去 商店，我 想 买 一些 水果。

　　　　Tā xiàwǔ qù nǎlǐ?
问：他 下午 去 哪里 ？

　　A　shāngdiàn 商店 ✓　　　　B　yīyuàn 医院　　　　C　xuéxiào 学校

16.　A　kāichē 开车　　　　B　zuò fēijī 坐 飞机　　　　C　zuò chūzūchē 坐 出租车

17.　A　Xiǎo Zhāng 小 张　　　　B　Lǐ xiǎojiě 李 小姐　　　　C　Wáng xiānsheng 王 先生

18.　A　7：15　　　　B　8：00　　　　C　9：10

19.　A　wǔfàn 午饭　　　　B　diànyǐng 电影　　　　C　tiānqì 天气

20.　A　kuài 18 块　　　　B　kuài 28 块　　　　C　kuài 38 块

第 **1** 部分

第 21-25 题

diànshì
电视　　　　　×

例如：

fēijī
飞机　　　　　✓

21.　　

yǐzi
椅子

22.　　

dú
读

23.　　

yīfu
衣服

24.　　

gāoxìng
高兴

25.　　

méi guānxi
没 关系

第 26-30 题

A

B

C

D

E

F

例如： <ruby>我<rt>Wǒ</rt></ruby> <ruby>很<rt>hěn</rt></ruby> <ruby>喜欢<rt>xǐhuan</rt></ruby> <ruby>这<rt>zhè</rt></ruby> <ruby>本<rt>běn</rt></ruby> <ruby>书<rt>shū</rt></ruby>。 **E**

26. <ruby>她<rt>Tā</rt></ruby> <ruby>是<rt>shì</rt></ruby> <ruby>我<rt>wǒ</rt></ruby> <ruby>的<rt>de</rt></ruby> <ruby>同学<rt>tóngxué</rt></ruby>， <ruby>我们<rt>wǒmen</rt></ruby> <ruby>认识<rt>rènshi</rt></ruby> <ruby>有<rt>yǒu</rt></ruby> <ruby>九<rt>jiǔ</rt></ruby> <ruby>年<rt>nián</rt></ruby> <ruby>了<rt>le</rt></ruby>。

27. <ruby>今天<rt>Jīntiān</rt></ruby> <ruby>我<rt>wǒ</rt></ruby> <ruby>三<rt>sān</rt></ruby> <ruby>岁<rt>suì</rt></ruby> <ruby>了<rt>le</rt></ruby>！

28. <ruby>你<rt>Nǐ</rt></ruby> <ruby>说<rt>shuō</rt></ruby> <ruby>什么<rt>shénme</rt></ruby>？ <ruby>我<rt>Wǒ</rt></ruby> <ruby>没<rt>méi</rt></ruby> <ruby>听见<rt>tīngjiàn</rt></ruby>。

29. <ruby>星期六<rt>Xīngqīliù</rt></ruby> <ruby>上午<rt>shàngwǔ</rt></ruby> <ruby>我<rt>wǒ</rt></ruby> <ruby>在<rt>zài</rt></ruby> <ruby>家<rt>jiā</rt></ruby> <ruby>看<rt>kàn</rt></ruby> <ruby>电视<rt>diànshì</rt></ruby> <ruby>呢<rt>ne</rt></ruby>。

30. <ruby>来<rt>Lái</rt></ruby>， <ruby>多<rt>duō</rt></ruby> <ruby>吃<rt>chī</rt></ruby> <ruby>点儿<rt>diǎnr</rt></ruby>！

第3部分

第31-35题

例如： Nǐ hē shuǐ ma?
你 喝 水 吗 ？ 　[F]　 A　Hǎoduō le.
好多 了。

31. Wèi, nǐ shénme shíhou lái wǒ jiā?
喂，你 什么 时候 来 我 家 ？ 　[ ]　 B　Qiánmiàn nàge.
前面 那个。

32. Xièxie nǐ qǐng wǒ hē dōngxi!
谢谢 你 请 我 喝 东西 ！ 　[ ]　 C　Huí jiā le.
回 家 了。

33. Nǐ xiànzài zěnmeyàng le?
你 现在 怎么样 了 ？ 　[ ]　 D　Xià gè yuè wǔ hào.
下 个 月 五 号。

34. Nǎge shì nǐ érzi?
哪个 是 你 儿子 ？ 　[ ]　 E　Bú kèqi!
不 客气 ！

35. Lǐ Míng qù nǎr le?
李 明 去 哪儿 了 ？ 　[ ]　 F　Hǎo de, xièxie!
好 的，谢谢 ！

28

第 36-40 题

A 学习 (xuéxí) B 不 (bù) C 冷 (lěng) D 名字 (míngzi) E 漂亮 (piàoliang) F 买 (mǎi)

例如：你 叫 什么（ D ）? (Nǐ jiào shénme)

36. 你 写 的 字 太（　　）了！ (Nǐ xiě de zì tài ... le!)

37. 我 女儿（　　）喜欢 吃 苹果。 (Wǒ nǚ'ér ... xǐhuan chī píngguǒ.)

38. 我（　　）汉语 有 六 年 了。 (Wǒ ... Hànyǔ yǒu liù nián le.)

39. 女：你 去 哪儿？ (Nǐ qù nǎr?)

　　男：朋友 来 家 里 吃 午饭，我 去（　　）点儿 菜。 (Péngyou lái jiā li chī wǔfàn, wǒ qù ... diǎnr cài.)

40. 男：下午 你 想 和 我 去 看 电影 吗？ (Xiàwǔ nǐ xiǎng hé wǒ qù kàn diànyǐng ma?)

　　女：对不起，天 太（　　）了，我 不 想 去。 (Duìbuqǐ, tiān tài ... le, wǒ bù xiǎng qù.)

1級第2回

※テスト全体を通したテスト本番バージョンもダウンロード
　していただけます。
　（21K1Q-test2）

第 1-5 题

✓

例如：

✕

1.

2.

3.

4.

5.

第 6-10 题

第 11-15 题

A

B

C

D

E

F

例如：　女：你好！
_{Nǐ hǎo!}

　　　　男：你好！很高兴认识你。
_{Nǐ hǎo! Hěn gāoxìng rènshi nǐ.}　　　　　　　　　C

11.

12.

13.

14.

15.

第 16-20 题

例如： Xiàwǔ wǒ qù shāngdiàn, wǒ xiǎng mǎi yìxiē shuǐguǒ.
下午 我 去 商店，我 想 买 一些 水果。

问：Tā xiàwǔ qù nǎlǐ?
他 下午 去 哪里 ？

A shāngdiàn
商店 ✓　　　　B yīyuàn
医院　　　　C xuéxiào
学校

16. A bàba
爸爸　　　　B nǚ'ér
女儿　　　　C māma
妈妈

17. A hěn rè
很 热　　　　B xià yǔ le
下 雨 了　　　　C yǒudiǎnr lěng
有点儿 冷

18. A fàndiàn qiánmiàn
饭店 前面　　　　B fàndiàn lǐmiàn
饭店 里面　　　　C fàndiàn hòumiàn
饭店 后面

19. A kuài
56块　　　　B kuài
60块　　　　C kuài
65块

20. A diànhuà
电话　　　　B míngzi
名字　　　　C mǐfàn
米饭

第2回

35

第 1 部分

第 21-25 题

例如：

　　电视 (diànshì)　　✕

　　飞机 (fēijī)　　✓

21.　书店 (shūdiàn)

22.　学习 (xuéxí)

23.　椅子 (yǐzi)

24.　再见 (zàijiàn)

25.　老师 (lǎoshī)

第 26-30 题

A

B

C

D

E

F

例如: 我 很 喜欢 这 本 书。
Wǒ hěn xǐhuan zhè běn shū.

| E |

26. 我 想 买 这个 杯子。
Wǒ xiǎng mǎi zhège bēizi.

27. 这些 衣服 都 很 漂亮。
Zhèxiē yīfu dōu hěn piàoliang.

28. 小 狗 在 那儿 喝 水 呢。
Xiǎo gǒu zài nàr hē shuǐ ne.

29. 今天 星期六,饭店 里 有 不 少 人。
Jīntiān xīngqīliù, fàndiàn li yǒu bù shǎo rén.

30. 喂,王 医生 在 吗?
Wèi, Wáng yīshēng zài ma?

第 31-35 题

例如：	Nǐ hē shuǐ ma? 你 喝 水 吗？	F	A

A　Bā suì.
八 岁。

31. Zhège zhuōzi zěnmeyàng?
这个 桌子 怎么样 ？ ☐

B　Bú huì.
不 会。

32. Nǐ huì dú zhè sān gè Hànzì ma?
你 会 读 这 三 个 汉字 吗 ？ ☐

C　Zuò chūzūchē.
坐 出租车。

33. Nǐ érzi jīnnián duō dà le?
你 儿子 今年 多 大 了 ？ ☐

D　Tā zài jiā.
他 在 家。

34. Nǐ bàba zài nǎlǐ?
你 爸爸 在 哪里 ？ ☐

E　Hěn hǎo.
很 好。

35. Nǐ zěnme lái zhèr de?
你 怎么 来 这儿 的 ？ ☐

F　Hǎo de, xièxie!
好 的，谢谢 ！

第 4 部分

第 36-40 题

A 朋友 péngyou B 住 zhù C 和 hé D 名字 míngzi E 小 xiǎo F 没 méi

例如：你 叫 什么（ D ）？
Nǐ jiào shénme

36. 我们 这儿 上午（   ）下 雨。
Wǒmen zhèr shàngwǔ   xià yǔ.

37. 那个 医院 很（   ）。
Nàge yīyuàn hěn

38. 对不起，我 四 号 不 能（   ）你 去 买 东西 了。
Duìbuqǐ, wǒ sì hào bù néng   nǐ qù mǎi dōngxi le.

39. 女：你 来 北京 工作 几 年 了 ？
Nǐ lái Běijīng gōngzuò jǐ nián le?

   男：九 年 了，我 认识了 很 多 中国（   ）。
Jiǔ nián le, wǒ rènshile hěn duō Zhōngguó

40. 男：谢谢 你 昨天 请 我（   ）在 你 家。
Xièxie nǐ zuótiān qǐng wǒ   zài nǐ jiā.

   女：不 客气。
Bú kèqi.

第2回

39

1級第3回

※テスト全体を通したテスト本番バージョンもダウンロード
　していただけます。
　(21K1Q-test3)

第 1-5 题

　　　　　　　　　　　　　　　　　　　✓

例如：

　　　　　　　　　　　　　　　　　　　✕

1.

2.

3.

4.

5.

第 6-10 题

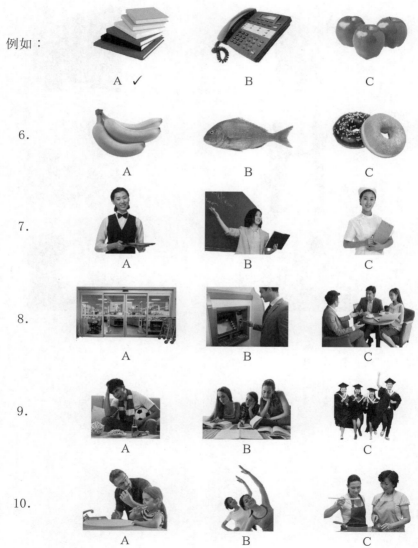

例如：　　A ✓　　　B　　　C

6.　A　　　B　　　C

7.　A　　　B　　　C

8.　A　　　B　　　C

9.　A　　　B　　　C

10.　A　　　B　　　C

第 11-15 题

A 　　　　　　B

C 　　　　　　D

E 　　　　　　F

例如：　女：你 好 ！

　　　　　男：你 好 ！ 很 高兴 认识 你。　　　　　C

11.　　　　　　　　　　　　　　　　　　　☐

12.　　　　　　　　　　　　　　　　　　　☐

13.　　　　　　　　　　　　　　　　　　　☐

14.　　　　　　　　　　　　　　　　　　　☐

15.　　　　　　　　　　　　　　　　　　　☐

第 16-20 题

例如： Xiàwǔ wǒ qù shāngdiàn, wǒ xiǎng mǎi yìxiē shuǐguǒ.
下午 我 去 商店，我 想 买 一些 水果。

问： Tā xiàwǔ qù nǎlǐ?
他 下午 去 哪里 ？

A shāngdiàn 商店 ✓　　　　B yīyuàn 医院　　　　C xuéxiào 学校

16. A shàngwǔ 上午　　　　B zhōngwǔ 中午　　　　C xiàwǔ 下午

17. A chá 茶　　　　B shuǐguǒ 水果　　　　C rè shuǐ 热 水

18. A hěn lěng 很 冷　　　　B tài rè le 太 热 了　　　　C xià yǔ le 下 雨 了

19. A wǔ gè yuè 五 个 月　　　　B yí suì sān gè yuè 一 岁 三 个 月　　　　C sān suì duō 三 岁 多

20. A 11 kuài 块　　　　B 18 kuài 块　　　　C 80 kuài 块

第3回

第 21-25 题

例如：

diànshì
电视　　　×

fēijī
飞机　　　✓

21.
yǐzi
椅子

22.
sìshí
四十

23.
ài
爱

24.
dú
读

25.
píngguǒ
苹果

第 26-30 题

A

B

C

D

E

F

例如：
Wǒ hěn xǐhuan zhè běn shū.
我 很 喜欢 这 本 书。 ⬚E

26.
Lǐmiàn de dōngxi tài duō le.
里面 的 东西 太 多 了。 ⬚

27.
Duō chī yìdiǎnr mǐfàn.
多 吃 一点儿 米饭。 ⬚

28.
Zuò zài Xiǎo Wáng chē hòumiàn de nàge rén shì shéi?
坐 在 小 王 车 后面 的 那个 人 是 谁？ ⬚

29.
Qián xiānsheng, rènshi nǐ hěn gāoxìng.
钱 先生，认识 你 很 高兴。 ⬚

30.
Nǐmen zài diànnǎo shang kàn shénme ne?
你们 在 电脑 上 看 什么 呢？ ⬚

第 31-35 题

例如： Nǐ hē shuǐ ma?
你 喝 水 吗 ？ 　 F 　 A 　 Péngyou nàlǐ.
朋友 那里。

31. Nǐ zài Běijīng Dàxué xuéxí shénme?
你 在 北京 大学 学习 什么 ？ 　 □ 　 B 　 Hànyǔ.
汉语。

32. Wèi, nǐ nǎ tiān de fēijī huí guó?
喂，你 哪 天 的 飞机 回 国 ？ 　 □ 　 C 　 Bù shǎo.
不 少。

33. Qù Zhōngguó de xuéshēng duō ma?
去 中国 的 学生 多 吗 ？ 　 □ 　 D 　 yuè hào.
7 月 6 号。

34. Zhè sān gè xīngqī nǐ zhù zài nǎr?
这 三 个 星期 你 住 在 哪儿 ？ 　 □ 　 E 　 Tīngshuō hěn hǎo.
听说 很 好。

35. Tā de gōngzuò zěnmeyàng?
他 的 工作 怎么样 ？ 　 □ 　 F 　 Hǎo de, xièxie!
好 的，谢谢 ！

第 4 部分

第 36-40 题

A 怎么 ^{zěnme}   B 睡觉 ^{shuìjiào}   C 漂亮 ^{piàoliang}   D 名字 ^{míngzi}   E 电影 ^{diànyǐng}   F 和 ^{hé}

例如：你 叫 什么（ D ）？
Nǐ jiào shénme

36. 这些 衣服 都 是 你 女儿 做 的 ？ 太（　　　）了。
Zhèxiē yīfu dōu shì nǐ nǚ'ér zuò de? Tài le.

37. 昨天 我 去 他 家 的 时候，他 在（　　）呢。
Zuótiān wǒ qù tā jiā de shíhou, tā zài ne.

38. 他（　　）他 儿子 都 爱 看 书。
Tā tā érzi dōu ài kàn shū.

39. 女：对 不 起，我 不 能 和 你 去 看（　　　　）了。
Duìbuqǐ, wǒ bù néng hé nǐ qù kàn le.

男：没 关系。
Méi guānxi.

40. 男：小天（　　　　）没 来？
Xiǎotiān méi lái?

女：她 住院 了。
Tā zhùyuàn le.

1級第4回

※テスト全体を通したテスト本番バージョンもダウンロード
　していただけます。
　（21K1Q-test4）

第1部分 ━━━━━━━━━━━━━━━━━━━━━━━━━━━━━━ 🎧 21K1Q4-1

第1-5题

例如：

 ✓

 ✗

1.

2.

3.

4.

5.

第 2 部分

第 6-10 题

例如： 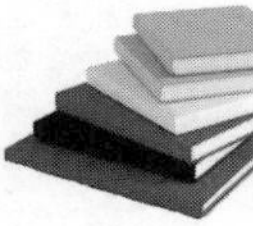 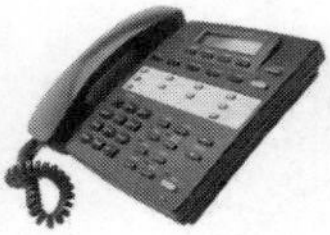 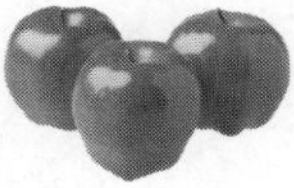

A ✓ B C

6. 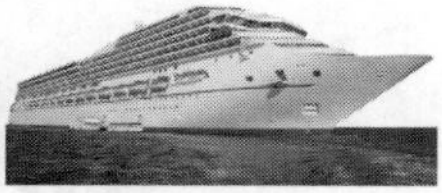 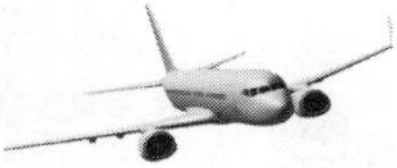 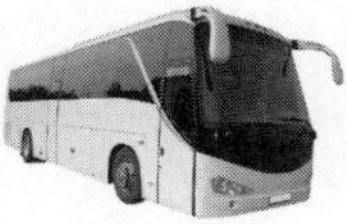

A B C

7. 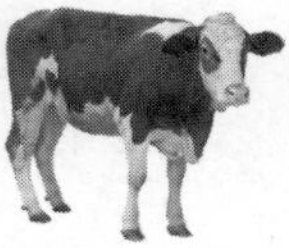 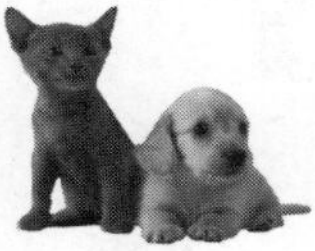 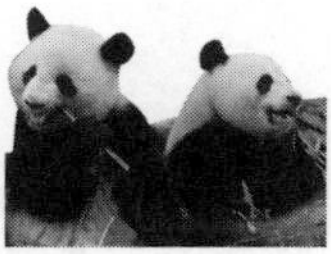

A B C

8. 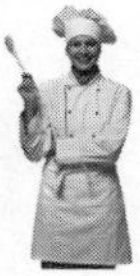 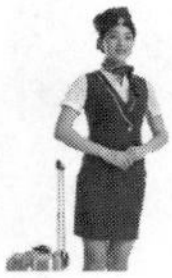 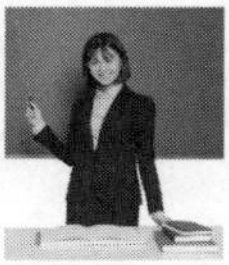

A B C

9. 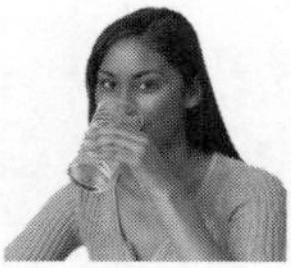 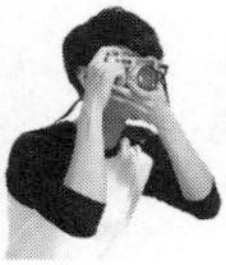 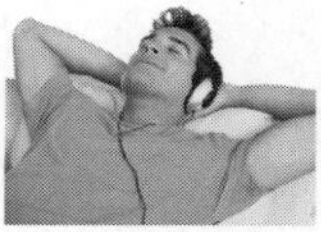

A B C

10. 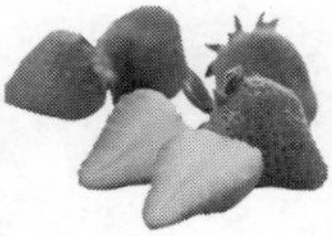 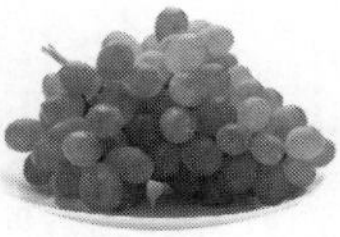 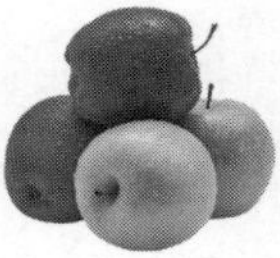

A B C

第 11-15 题

A 　　　　　　B

C 　　　　　　D

E 　　　　　　F

例如：　女：^{Nǐ hǎo!}你 好 ！

男：^{Nǐ hǎo!}你 好 ！ ^{Hěn gāoxìng rènshi nǐ.}很 高兴 认识 你。 C

11.

12.

13.

14.

15.

第 16-20 题

例如：
Xiàwǔ wǒ qù shāngdiàn, wǒ xiǎng mǎi yìxiē shuǐguǒ.
下午 我 去 商店，我 想 买 一些 水果。

Tā xiàwǔ qù nǎlǐ?
问：他 下午 去 哪里 ？

A shāngdiàn 商店 ✓　　B yīyuàn 医院　　C xuéxiào 学校

16. A érzi 儿子　　B tóngxué 同学　　C nǚ'ér 女儿

17. A hěn rè 很 热　　B hěn hǎo 很 好　　C hěn lěng 很 冷

18. A dú shū 读 书　　B hē shuǐ 喝 水　　C chī fàn 吃 饭

19. A sì nián qián 四 年 前　　B liù nián qián 六 年 前　　C shí nián qián 十 年 前

20. A yǐzi 椅子　　B bēizi 杯子　　C diànnǎo 电脑

第4回

第 **1** 部分

第 21-25 题

例如：

diànshì
电视　　　　　×

fēijī
飞机　　　　　✓

21.

yīshēng
医生

22.

tīng
听

23.

chūzūchē
出租车

24.

mǐfàn
米饭

25.

zàijiàn
再见

第 2 部分

第 26-30 题

A

B

C

D

E

F

Wǒ hěn xǐhuan zhè běn shū.
例如： 我 很 喜欢 这 本 书。　　　　　　E

Tā xuéhuì le kāichē.
26. 她 学会了 开车。

Hěn gāoxìng zài zhèr kànjiàn nǐ.
27. 很 高兴 在 这儿 看见 你。

Tā ài mǎi piàoliang de yīfu.
28. 她 爱 买 漂亮 的 衣服。

Xiānsheng, zhèlǐ bù néng dǎ diànhuà.
29. 先生， 这里 不 能 打 电话。

Jīntiān xīngqīliù, xuéxiào méiyǒu rén.
30. 今天 星期六， 学校 没有 人。

第4回

57

第 31-35 题

例如： Nǐ hē shuǐ ma?
你 喝 水 吗？　　F　　A　Wǒ bàba.
我 爸爸。

31. Nǐ de xiǎo gǒu duō dà le?
你 的 小 狗 多 大 了？　　　B　Shí fēnzhōng hòu.
十 分钟 后。

32. Jīntiān de chá zěnmeyàng?
今天 的 茶 怎么样？　　　C　Hěn hǎo.
很 好。

33. Hòumiàn nàge rén shì shéi?
后面 那个 人 是 谁？　　　D　Sān suì le.
三 岁 了。

34. Nǐ huì xiě Hànzì ma?
你 会 写 汉字 吗？　　　E　Bú huì.
不 会。

35. Wèi, nǐ jǐ diǎn néng lái fàndiàn?
喂，你 几 点 能 来 饭店？　　　F　Hǎo de, xièxie!
好 的，谢谢！

第 **4** 部分

第 36-40 题

A 号 [hào]　　B 住 [zhù]　　C 午饭 [wǔfàn]　　D 名字 [míngzi]　　E 学生 [xuéshēng]　　F 少 [shǎo]

例如： 你 叫 什么 [Nǐ jiào shénme]（　D　）？

36. 今天 来 书店 买 书 的 人 很 [Jīntiān lái shūdiàn mǎi shū de rén hěn]（　　　　）。

37.（　　　　）坐 这边，老师 坐 那边。[zuò zhèbiān, lǎoshī zuò nàbiān.]

38. 我们 现在 都 [Wǒmen xiànzài dōu]（　　　　）在 小 王 家。[zài Xiǎo Wáng jiā.]

39. 女：我 做好 [Wǒ zuòhǎo]（　　　　）了，你 吃 一点儿 吗？[le, nǐ chī yìdiǎnr ma?]

　　男：谢谢，我 吃 了。[Xièxie, wǒ chī le.]

40. 男：你 女儿 哪 天 回来？[Nǐ nǚ'ér nǎ tiān huílái?]

　　女：9 月 2 [yuè]（　　　　）。

1級第5回

※テスト全体を通したテスト本番バージョンもダウンロード
　していただけます。
　（21K1Q-test5）

第 1-5 题

例如：

 ✓

 ✕

1.

2.

3.

4.

5.

第 6-10 题

例如：

A ✓　　　　B　　　　C

6.　　A　　　　B　　　　C

7.　　A　　　　B　　　　C

8.　　A　　　　B　　　　C

9.　　A　　　　B　　　　C

10.　　A　　　　B　　　　C

第 11-15 题

A

B

C

D

E

F

例如： 女：<ruby>你<rt>Nǐ</rt></ruby> <ruby>好<rt>hǎo</rt></ruby>！

男：<ruby>你<rt>Nǐ</rt></ruby> <ruby>好<rt>hǎo</rt></ruby>！ <ruby>很<rt>Hěn</rt></ruby> <ruby>高兴<rt>gāoxìng</rt></ruby> <ruby>认识<rt>rènshi</rt></ruby> <ruby>你<rt>nǐ</rt></ruby>。   C

11.   ☐

12.   ☐

13.   ☐

14.   ☐

15.   ☐

第 16-20 题

例如：
Xiàwǔ wǒ qù shāngdiàn, wǒ xiǎng mǎi yìxiē shuǐguǒ.
下午 我 去 商店，我 想 买 一些 水果。

Tā xiàwǔ qù nǎlǐ?
问：他 下午 去 哪里 ?

A shāngdiàn 商店 ✓　　　B yīyuàn 医院　　　C xuéxiào 学校

16. A wǒ tóngxué 我 同学　　　B wǒ péngyou 我 朋友　　　C wǒ lǎoshī 我 老师

17. A xuéxí 学习　　　B gōngzuò 工作　　　C kàn diànyǐng 看 电影

18. A hěn rè 很 热　　　B zài xià yǔ 在 下 雨　　　C tài lěng le 太 冷 了

19. A xuéxiào 学校　　　B jiā li 家 里　　　C péngyou jiā 朋友 家

20. A zuótiān 昨天　　　B jīntiān shàngwǔ 今天 上午　　　C jīntiān xiàwǔ 今天 下午

第 **1** 部分

第 21-25 题

例如：

diànshì
电视　　×

fēijī
飞机　　✓

21.

kàn
看

22.

qǐng
请

23.

bēizi
杯子

24.

ài
爱

25.

xuéshēng
学生

第 26-30 题

A B

C  D

E F

例如：　Wǒ hěn xǐhuan zhè běn shū.
　　　　我 很 喜欢 这 本 书。　　　　　　　　E

26.　Xiǎojiě, zhè shì nǐ de dōngxi.
　　小姐，这 是 你 的 东西。

27.　Zěnme bù gāoxìng le? Néng hé wǒ shuōshuo ma?
　　怎么 不 高兴 了 ？ 能 和 我 说说 吗 ？

28.　Tā zuò zài wǒ hòumiàn.
　　他 坐 在 我 后面。

29.　Tā jīntiān suì le.
　　她 今天 21 岁 了。

30.　Zhè shì wǒ zài Zhōngguó mǎi de yǐzi.
　　这 是 我 在 中国 买 的 椅子。

第 31-35 题

例如： Nǐ hē shuǐ ma?
你 喝 水 吗 ？ ☐ F   A 18 块。 kuài.

31. Zhège diànshì zěnmeyàng?
这个 电视 怎么样 ？ ☐   B 5 个 多 月。 gè duō yuè.

32. Zhèxiē shuǐguǒ duōshao qián?
这些 水果 多少 钱 ？ ☐   C 有点儿 大。 Yǒudiǎnr dà.

33. Nǐ de xiǎo gǒu duō dà le?
你 的 小 狗 多 大 了 ？ ☐   D 没 关系。 Méi guānxi.

34. Míngtiān shéi hé nǐ qù yīyuàn?
明天 谁 和 你 去 医院 ？ ☐   E 我 先生。 Wǒ xiānsheng.

35. Duìbuqǐ, wǒ méi tīngjiàn diànhuà.
对不起，我 没 听见 电话。 ☐   F 好 的，谢谢 ！ Hǎo de, xièxie!

第 **4** 部分

第 36-40 题

A 喜欢 xǐhuan   B 工作 gōngzuò   C 少 shǎo   D 名字 míngzi   E 都 dōu   F 太 tài

例如： 你 叫 什么（ D ）？
Nǐ jiào shénme

36. 我 想 10 月 去 北京，那 时候 不 会（   ）冷。
Wǒ xiǎng yuè qù Běijīng, nà shíhou bú huì lěng.

37. 我 儿子 是 大学 老师，（   ）三 年 了。
Wǒ érzi shì dàxué lǎoshī, sān nián le.

38. 现在 11 点 多 了，出租车 很（   ）了。
Xiànzài diǎn duō le, chūzūchē hěn le.

39. 女：这些 菜（   ）是 你 做 的？
Zhèxiē cài shì nǐ zuò de?

　　男：不，是 我 妈妈 做 的。
Bù, shì wǒ māma zuò de.

40. 男：我 不（   ）开车。
Wǒ bù kāichē.

　　女：那 我 来 开。
Nà wǒ lái kāi.

1級 第1回
解答・解説

聴 力 試 験・・・P.72 ～ P.77
読 解 試 験・・・P.78 ～ P.81

刷題の解答は P.14 ～ P.17 で紹介しています。

正解一覧

1. 听 力

第1部分	1. ✓	2. ✓	3. ✓	4. ×	5. ×
第2部分	6. A	7. A	8. B	9. A	10. C
第3部分	11. D	12. F	13. E	14. B	15. A
第4部分	16. B	17. C	18. C	19. C	20. B

2. 阅 读

第1部分	21. ✓	22. ×	23. ×	24. ✓	25. ×
第2部分	26. A	27. F	28. D	29. C	30. B
第3部分	31. D	32. E	33. A	34. B	35. C
第4部分	36. E	37. B	38. A	39. F	40. C

1 听 力

第1部分 | 問題 p.22 21K1Q1-1

1 正解 ✓

スクリプト	スクリプト和訳
zài shuìjiào 在 睡觉	寝ている

2 正解 ✓

スクリプト	スクリプト和訳
chī mǐfàn 吃 米饭	お米のご飯を食べる

3 正解 ✓

スクリプト	スクリプト和訳
zài shāngdiàn 在 商店	お店にいる

4 正解 ✗

スクリプト	スクリプト和訳
yǒudiǎnr rè 有点儿 热	少し暑い

5 正解 ✗

スクリプト	スクリプト和訳
lǎoshī hé xuésheng 老师 和 学生	先生と生徒

6 正解 **A**

スクリプト
Wǒ jiā de xiǎo māo zuótiān bú jiàn le.
我 家 的 小 猫 昨天 不 见 了。

スクリプト和訳
我が家の子猫が昨日からいなくなりました。

7 正解 **A**

スクリプト
Zhèxiē shuǐguǒ dōu shì shànggè xīngqī mǎi de.
这些 水果 都 是 上个 星期 买 的。

スクリプト和訳
これらの果物は皆先週買ったものです。

8 正解 **B**

スクリプト
Zhèlǐ bù néng dǎ diànhuà.
这里 不 能 打 电话。

スクリプト和訳
ここで電話をしてはいけません。

9 正解 **A**

スクリプト
Tā kāi chē huí jiā le.
她 开 车 回 家 了。

スクリプト和訳
彼女は車を運転して帰宅しました。

10 正解 **C**

スクリプト
Wǒ huì zuò Zhōngguócài.
我 会 做 中国菜。

スクリプト和訳
私は中華料理を作ることができます。

第**3**部分 | 問題 p.24

 21K1Q1-3

11 正解 D

スクリプト

Nǐ māma shì zuò shénme gōngzuò de?
男：你 妈妈 是 做 什么 工作 的？

Tā shì yīshēng
女：她 是 医生。

スクリプト和訳

男：あなたのお母さんはどんな仕事をしているのですか？
女：彼女（母）は医者です。

12 正解 F

スクリプト

Xiānsheng, nǐ de chá!
女：先生，你 的 茶！

Hǎo de, xièxie!
男：好 的，谢谢！

スクリプト和訳

女：（男性の）お客様、お茶をどうぞ！
男：はい、ありがとう！

13 正解 E

スクリプト

Yǒu rén kànjiàn wǒ de diànnǎo le ma?
男：有 人 看见 我 的 电脑 了 吗？

Zài zhuōzi shàng.
女：在 桌子 上。

スクリプト和訳

男：どなたか私のパソコンを見かけましたか？
女：テーブルの上にあります。

14 正解 **B**

> **スクリプト**

Lǎoshī, zàijiàn!
女：老师，再见！

Hǎo de, míngtiān jiàn.
男：好的，明天见。

> **スクリプト和訳**

女：先生、さようなら！
男：ええ、明日お会いしましょう。

15 正解 **A**

> **スクリプト**

Zhège xiǎo gǒu yǒu míngzi ma?
男：这个小狗有名字吗？

Yǒu, jiào Duōduo.
女：有，叫多多。

> **スクリプト和訳**

男：この子犬には名前がありますか？
女：あります。多多といいます。

第4部分 | 問題 p.25　　　　　　　　　　　　　　🎧 21K1Q1-4

16 正解 B

スクリプト

Mèimei xīngqīèr zuò fēijī qù Běijīng.
妹妹 星期二 坐 飞机 去 北京。

Mèimei zěnme qù Běijīng?
问：妹妹 怎么 去 北京 ?

スクリプト和訳

妹は火曜日に飛行機に乗って北京へ行きます。
問題：妹はどうやって北京へ行きますか?

選択肢和訳 A 車を運転する　　B 飛行機に乗る　　C タクシーに乗る

17 正解 C

スクリプト

Tīngshuō Wáng xiānsheng zhù yuàn le, wǒmen nǎtiān qù kànkan tā?
听说 王 先生 住 院 了, 我们 哪天 去 看看 他 ?

Shéi zhù yuàn le?
问：谁 住 院 了 ?

スクリプト和訳

王さん（男性）は入院したそうです。何日にお見舞いに行きますか?
問題：誰が入院したのですか?

選択肢和訳 A 張さん　　B 李さん（女性）　　C 王さん（男性）

18 　正解 C

> スクリプト

Wǒ jiǔ diǎn shí fēn qù xuéxiào.
我 九 点 十 分 去 学校。

Tā jǐ diǎn qù xuéxiào?
问：他 几 点 去 学校 ？

> スクリプト和訳

私は（朝の）9時10分に学校に行きます。
問題：彼は何時に学校に行きますか？

選択肢和訳　A　7時15分　　B　8時　　C　9時10分

19 　正解 C

> スクリプト

Nǐ nàlǐ xià yǔ le ma?
你 那里 下 雨 了 吗 ？

Tā zài shuō shénme?
问：他 在 说 什么 ？

> スクリプト和訳

あなたの（いる）ところは雨が降っていますか？
問題：彼は何について話していますか？

選択肢和訳　A　昼ご飯　　B　映画　　C　天気

20 　正解 B

> スクリプト

Zhège shuǐbēi èrshíbā kuài qián.
这个 水杯 二十八 块 钱。

Nàge shuǐbēi duōshao qián?
问：那个 水杯 多少 钱 ？

> スクリプト和訳

このコップは28元です。
問題：そのコップはいくらですか？

選択肢和訳　A　18元　　B　28元　　C　38元

2 閲 読

第1回

第1部分	問題 p.26

21 正解 ✓

（問題文和訳）椅子

解説　中国語の "椅子" は背もたれのあるものに限られ、腰かけ一般を指す単語ではないので注意。

22 正解 ✕

（問題文和訳）読む

解説　"读" は「文字を読む」の意味だが、声を出して読む場合にも黙読の場合にも使える。ほかに学校に通って勉強するという意味もある。

23 正解 ✕

（問題文和訳）服

解説　"衣服" は「服」のこと。なお服が上下に分かれている場合は主に上半身に身につける服を指す。

24 正解 ✓

（問題文和訳）うれしい

解説　"高兴" は「うれしい、楽しい」という形容詞と「喜ぶ、うれしがる」という動詞として使うことができる。否定の場合は "不高兴（bù gāoxìng）"「うれしくない、楽しくない」、または「うれしがらない、喜ばない」だが、「不機嫌だ」の意味で使われる場合が多い。

25 正解 ✕

（問題文和訳）大丈夫です

解説　"没关系" は誰かに謝られた時に、「大丈夫」、「気にしていない」というニュアンスで使う。目上の人にも使うことができる。

第**2**部分 | 問題 p.27

26 正解 **A**

問題文和訳 彼女は私の同級生で、私たちは知り合って9年になります。

解説 "她是我的同学"の"她"が女性に使う一人称単数であること、"同学"は学生であること、また"我们"は一人称複数形であることなどから、"认识"の意味が分からなくても A を選択。なお文末の"了"は変化を表す語気助詞である。

27 正解 **F**

問題文和訳 今日で私は3歳になりました！

解説 "三岁了"の"了"は変化を表す語気助詞である。数字の「3」が分かれば F を選択。

28 正解 **D**

問題文和訳 何とおっしゃったのですか？ 私は聞こえませんでした。

解説 疑問詞の"什么"と"？"から、話し手が聞き手に何かを尋ねていることが分かる。"没听见"は「聞こえない」という意味なので D を選択。

29 正解 **C**

問題文和訳 土曜日の午前に、私は家でテレビを見ます。

解説 この"在"は介詞である。"在＋動作が行われる場所"の形で、「～で」の意味で、主語のすぐ後ろに置かれる。その後に動詞句"看电视"が続く。「テレビを見る」ことからテレビを見ている C を選択。

30 正解 **B**

問題文和訳 さあ、たくさん食べなさい！

解説 "動詞＋（一）点儿"の形で「ちょっと～する」の意味。ここでの動詞は"吃"で「食べる」。"吃"の前に形容詞"多"があるので、厳密には「（ちょっと）多めに食べなさい」となる。また、文頭の"来"は「来て」ではなく、人に何かの動作を促す時の言葉として用いられている。B を選択。

第**3**部分 | 問題 p.28

(選択肢和訳)

A　ずっとよくなりました。　B　前にいるあの子（が息子）です。　　C　帰宅しました。

D　来月の5日です。　　　　　E　どういたしまして。　　　　　F　はい、ありがとう！

31 正解 D

(問題文和訳) ちょっと、あなたはいつ私の家に来ますか？

> (解説) 時間を尋ねる疑問詞 "什么时候" があるので、対応するDを選択。なお、"喂" はここでは呼びかけ「おい、ちょっと」の意として用いられている。

32 正解 E

(問題文和訳) 私に飲み物をおごってくださってありがとうございます。

> (解説) 感謝の意を伝えているのでその答えとしてEを選択。"请" は兼語文の動詞に使われる。後ろに名詞（多くは人）と動詞を伴って "请＋人＋動詞" の形で「人に頼んで〜をしてもらう」だけではなく「自分が料金を負担して人に〜をさせる」つまり「人に〜をおごる」の意味でも用いられる。

33 正解 A

(問題文和訳) あなたは今、どうなりましたか？

> (解説) 疑問詞 "怎么样" は「どんな」「どのような」の意味。文末に "了" があるので、何らかの変化があったかどうかを聞かれていることが分かる。この場合、体調や状況がどうなったかについて尋ねている。答えとしては同じく "形容詞＋了" の形になっているAを選択。

34 正解 B

(問題文和訳) どちらがあなたの息子さんですか？

> (解説) 疑問詞 "哪个" は「どれ、どちら」の意味。複数いる中から任意の1つを尋ねているのでBを選択。"儿子" は「息子」。"女儿" は「娘」。

35 正解 C

(問題文和訳) 李明さんはどこに行きましたか？

> (解説) 疑問詞 "哪儿" は「どこ」の意味。場所を聞かれていること、文末に "了" があることから、何らかの変化があったかどうかを聞かれていることが分かる。場所 "家"、同じく変化の "了" が入っているCを選択。

選択肢和訳

A	勉強	B	～ない	C	寒い
D	名前	E	きれい／美しい	F	買う

---

36 正解 **E**

問題文和訳 あなたの書く字は大変［きれい］ですね！

解説 程度副詞 "太＋形容詞＋了" の形で「大変～／～すぎる」の意味。形容詞はCとEだが、文脈上Eを選択。

---

37 正解 **B**

問題文和訳 私の娘はリンゴを食べるのが好きでは［ありません］。

解説 "喜欢" は動詞句を目的語にすることができる動詞で「～（すること）が好き」という意味。動詞の前に置けるのは否定詞か副詞なのでBを選択。

---

38 正解 **A**

問題文和訳 私は中国語を［勉強して］6年になります。

解説 後ろに目的語 "汉语" があるので動詞が入る。"主語＋動詞句＋有＋時量詞＋了" で「～して…になる」という文型になるのでAを選択。文末の "了" は変化を表す語気助詞である。

---

39 正解 **F**

問題文和訳 女：どこに行くの？
男：友達が家に昼ご飯を食べに来るから、食べ物をちょっと［買いに］行くんだ。

解説 女性は "去" の後ろに場所を尋ねる疑問詞 "哪儿" をつけて質問をしているので、答えの "去" の後ろには具体的な場所、あるいは動詞句が入る。（　）の後ろには動詞の直後にしか置くことのできない動量詞 "点儿" があるので、"動詞＋点儿" の形で「ちょっと～する」の意味になることからFを選択。

---

40 正解 **C**

問題文和訳 男：午後、あなたは私と一緒に映画を観に行きたいですか？
女：ごめんなさい。天気が大変［寒い］から、私は行きたくないです。

解説 "天" は天気、空模様のこと。程度副詞 "太＋形容詞＋了" の形で「大変～／～すぎる」の意味。形容詞はCとEがあるが、文脈上Cを選択。男性の質問で "想" は "和我去看电影" までかかる。"和＋名詞＋動詞" の形で「名詞と一緒に～する」の意味。

1級 第2回
解答・解説

聴 力 試 験・・・P.84 ～ P.89

読 解 試 験・・・P.90 ～ P.93

題の解答は P.14 ～ P.17 で紹介しています。

正解一覧

1. 听 力

第1部分	1. ✕	2. ✓	3. ✓	4. ✓	5. ✕
第2部分	6. B	7. C	8. B	9. C	10. A
第3部分	11. B	12. D	13. A	14. F	15. E
第4部分	16. C	17. A	18. C	19. C	20. B

2. 阅 读

第1部分	21. ✕	22. ✕	23. ✕	24. ✓	25. ✓
第2部分	26. F	27. B	28. D	29. C	30. A
第3部分	31. E	32. B	33. A	34. D	35. C
第4部分	36. F	37. E	38. C	39. A	40. B

1 听 力

第1部分 | 問題 p.32 21K1Q2-1

1 正解 ✕

スクリプト	スクリプト和訳
xiě zì 写 字	字を書く

2 正解 ✓

スクリプト	スクリプト和訳
yìjiā rén 一家 人	家族

3 正解 ✓

スクリプト	スクリプト和訳
hěn duō shū 很 多 书	たくさんの本

4 正解 ✓

スクリプト	スクリプト和訳
zài xuéxiào 在 学校	学校にいる

5 正解 ✕

スクリプト	スクリプト和訳
zuò fēijī 坐 飞机	飛行機に乗る

84

第2回

6 正解 **B**

スクリプト

Wǒ bàba hěn huì zuò cài.
我 爸爸 很 会 做 菜。

スクリプト和訳

私の父はご飯をとても上手に作ることができます。

7 正解 **C**

スクリプト

Kàn, Wáng lǎoshī jiā de māo zài nàr!
看, 王 老师 家 的 猫 在 那儿 !

スクリプト和訳

見てごらん。王先生の家の猫があそこにいるよ!

8 正解 **B**

スクリプト

Zhè shì wǒ péngyou de diànnǎo.
这 是 我 朋友 的 电脑。

スクリプト和訳

これは私の友達のパソコンです。

9 正解 **C**

スクリプト

Xiè xiǎojiě hěn ài tā xiānsheng.
谢 小姐 很 爱 她 先生。

スクリプト和訳

(女性の) 謝さんは彼女の夫をとても愛しています。

10 正解 **A**

スクリプト

Tā nǚér xǐhuān chī píngguǒ.
他 女儿 喜欢 吃 苹果。

スクリプト和訳

彼の娘はリンゴ(を食べること)が好きです。

第2回

11 正解 B

スクリプト

Nǐ kàn, zhè lǐmiàn yǒu shénme?
男：你 看，这 里面 有 什么？

Wǒ kànkan, xiǎo gǒu zěnme zài zhèlǐ?
女：我 看看，小 狗 怎么 在 这里？

スクリプト和訳

男：見てください。この中に何がいますか？
女：ちょっと見てみます。子犬がどうしてここにいるのですか？

12 正解 D

スクリプト

Nǐ zuótiān méi shuìjiào?
女：你 昨天 没 睡觉？

Shuì le, méi shuì hǎo.
男：睡 了，没 睡 好。

スクリプト和訳

女：あなたは昨日寝なかったのですか？
男：寝ましたが、よく眠れませんでした。

13 正解 A

スクリプト

Wǒ yǒudiǎnr xiǎng kàn diànshì.
男：我 有点儿 想 看 电视。

Hǎo, wǒ lái kāi.
女：好，我 来 开。

スクリプト和訳

男：私はちょっとテレビを見たいです。
女：いいですよ。私がつけましょう。

14 正解 **F**

> **スクリプト**

Xiànzài sān diǎn le, wǒmen de chē shénme shíhou néng lái?
女：现在 三 点 了，我们 的 车 什么 时候 能 来 ？

Èrshí fēnzhōng hòu.
男：二十 分钟 后。

> **スクリプト和訳**

女：今3時になりましたが、私たちが乗る車は何時に来ることができますか？
男：20分後です。

15 正解 **E**

> **スクリプト**

Nǐ rènshi qiánmiàn nàge tóngxué ma?
男：你 认识 前面 那个 同学 吗 ？

Rènshi, tā jiào Xiǎo Yuè.
女：认识，她 叫 小 月。

> **スクリプト和訳**

男：前にいるあの同級生を知っていますか？
女：はい、知っています。彼女は月さんです。

第4部分 問題 p.35 　　　🎧 21K1Q2-4

16 正解 C

スクリプト

Wǒ māma míngnián qīyuè qù Zhōngguó, tā zài xué Hànyǔ.
我 妈妈 明年 七月 去 中国 , 她 在 学 汉语。

Shéi zài xué Hànyǔ?
问 : 谁 在 学 汉语 ?

スクリプト和訳

私の母は来年7月に中国に行くので、今中国語を勉強しています。
問題 : 誰が中国語を勉強していますか?

選択肢和訳 A お父さん　　B 娘　　C お母さん

17 正解 A

スクリプト

Tiānqì tài rè le, wǒ bù xiǎng qù kàn diànyǐng le.
天气 太 热 了 , 我 不 想 去 看 电影 了。

Tiānqì zěnmeyàng?
问 : 天气 怎么样 ?

スクリプト和訳

天気が大変暑いので、映画を観に行きたくなくなりました。
問題 : 天気はどうですか?

選択肢和訳 A 大変暑い　　B 雨が降ってきた　　C 少し寒い

18 正解 C

Wǒ zhù zài nàjiā fàndiàn hòumiàn.
我 住 在 那家 饭店 后面。
　　　　Tā zhù nǎr?
问：他 住 哪儿？

私はあのホテルの裏手に住んでいます。
問題：彼はどこに住んでいますか？

選択肢和訳　A　ホテルの前　　B　ホテルの中　　C　ホテルの裏手

19 正解 C

Xiàwǔ wǒ mǎi le liùshíwǔ kuài qián de shuǐguǒ.
下午 我 买 了 六十五 块 钱 的 水果。
　　　　Shuǐguǒ duōshao qián?
问：水果 多少 钱？

午後に私は65元の果物を買いました。
問題：果物はいくらですか？

選択肢和訳　A　56元　　B　60元　　C　65元

20 正解 B

Wǒ kànjiàn nǐ de míngzi le, zài zhèr!
我 看见 你 的 名字 了，在 这儿！
　　　　Tā kànjiàn shénme le?
问：他 看见 什么 了？

私はあなたの名前を見ましたよ。ほら、ここに！
問題：彼は何を見ましたか？

選択肢和訳　A　電話　　B　名前　　C　お米のご飯

2 閲 読

第**1**部分 | 問題 p.36

21 正解 ✕

問題文和訳 書店

解説 "书店" は書籍の販売店、本屋。

22 正解 ✕

問題文和訳 勉強する

解説 "学习" は「勉強する」「学ぶ」の意味。習い事などにも幅広く使える。

23 正解 ✕

問題文和訳 椅子

解説 主に1文字の名詞の後ろについて名詞であることを強調する "子" は軽声で読む。

24 正解 ✓

問題文和訳 また会いましょう

解説 "再见" は別れ際の挨拶。

25 正解 ✓

問題文和訳 教師

解説 教師は一般的には性別、年齢を問わず "老师" と呼ぶ。

第2回

<table>
<tr><td>第2部分</td><td>問題 p.37</td></tr>
</table>

26 正解 F

問題文和訳 私はこのコップを買いたいです。

> **解説** "想"は助動詞。後ろに動詞を伴って「〜したい」と願望を表す。"杯子"を持っているFを選択。

27 正解 B

問題文和訳 これらの服はどれもきれいです。

> **解説** 形容詞にかかる程度副詞"很"は、対比の意味を持たない場合、通常は強調の意味をほとんど持たない。"都"も副詞で、「全部、すべて」の意味。"这些"が複数を指すこと、"衣服"からBを選択。

28 正解 D

問題文和訳 子犬があそこで水を飲んでいます。

> **解説** "小狗"は子犬のこと。"喝"は「飲む」という意味の動詞。これよりDを選択。

29 正解 C

問題文和訳 今日は土曜日で、レストランの中には多くの人がいます。

> **解説** "有"は存在を表す動詞である。"場所＋有＋存在するものや人"の語順で、ここで存在する人は"不少人"だが、"不"は否定詞で"少"を否定しているため「少なくない人」＝「人が多い」となる。よってCを選択。"里"は名詞の後ろにつける方位詞で、「〜の中」の意味。"饭店"は「ホテル」の意味としても使う。

30 正解 A

問題文和訳 もしもし、（医師の）王先生はいらっしゃいますか？

> **解説** 電話の「もしもし」は中国語では"喂"。よってAを選択。

第3部分 | 問題 p.38

選択肢和訳

A　8歳です。　　　　　　B　できません。　　　　　C　タクシーに乗ってです。

D　彼は家にいます。　　　E　良いです。　　　　　　F　はい、ありがとう！

31　正解 E

問題文和訳 この机はいかがですか？

解説 "怎么样"は状況や様子を尋ねる時に使われる疑問詞である。様子を表しているEを選択。

32　正解 B

問題文和訳 あなたはこの3つの漢字を読むことができますか？

解説 "会"は学習や訓練を経て、技能・技術などを習得して「できる」という意味を表す助動詞である。よってBを選択。

33　正解 A

問題文和訳 あなたの息子さんは今年いくつになりましたか？

解説 "多大"は年齢を尋ねる時の一般的な表現であるので、Aを選択。10歳未満と思われる子供に対しては"几岁"が使われることが多い。

34　正解 D

問題文和訳 あなたのお父さんはどこにいますか？

解説 場所を尋ねる疑問詞は"哪里"である。答えにも場所が入るためDを選択。

35　正解 C

問題文和訳 あなたはここまでどうやって来たのですか？

解説 手段を尋ねる疑問詞"怎么"があるため、Cを選択できる。"这儿"は"这里"ともいう。

選択肢和訳

A 友達　　B 住む　　C 〜と　　D 名前　　E 小さい　　F ない（否定の助動詞）

36 正解 F

問題文和訳 私たちのところは午前中に雨は降り［ませんでした］。

解説 "下雨" は「雨が降る」の意味。動詞 "下" の前には助動詞か副詞しか入らない。ここで選択肢に否定副詞の "没" があるためFを選択。"上午" は「午前」、"下午" は「午後」という意味。上・下と続くが名詞と動詞を混同しないように。

37 正解 E

問題文和訳 あの病院は［小さいです］。

解説 主語は "医院" である。程度副詞 "很" は通常後ろに形容詞を伴うためEを選択。

38 正解 C

問題文和訳 すみませんが、4日はあなた［と］買い物に行けなくなりました。

解説 助動詞 "能" は能力、条件の点で「できる」の意味。ここでは否定の "不" があるので「できない」となる。通常、助動詞の後ろには動詞か介詞が入るが、すぐ後ろの "你" とつながる動詞が選択肢にはない。"和" を介詞と考えて "和＋人＋（一起）＋動詞" の形をつくり「人と一緒に〜する」から、Cを選択。文末の語気助詞 "了" は、「ある新たな状況になった」ことを意味する。

39 正解 A

問題文和訳 女：あなたは北京に来て何年間働きましたか？
　　　　　　男：9年になります。私はたくさんの中国人の［友達］と知り合いになりました。

解説 文末にある語気助詞 "了" は変化を表す。動詞 "认识" のすぐ後ろにある "了" は動作や行為の実現を表す。"很多中国（朋友）" までが目的語であり、程度副詞＋形容詞 "很多" は "中国（朋友）" を修飾している。よってAを選択。

40 正解 B

問題文和訳 男：昨日は家に［泊めて］くれてありがとう。
　　　　　　女：どういたしまして。

解説 "请" は兼語文の動詞に使われる。後ろに名詞（多くは人）と動詞を伴って "请＋人＋動詞" の形で「人に〜をしてもらう、させる」の意になる。"動詞＋在＋場所" で「（場所）に〜する」の意味。"住" は「住む、居住する」以外にホテルなどに泊まることも含まれる。よってBを選択。

例題の解答は P.14 ～ P.17 で紹介しています。

正解一覧

1. 听力

第1部分	1. ✓	2. ✓	3. ×	4. ✓	5. ×
第2部分	6. A	7. B	8. A	9. C	10. C
第3部分	11. A	12. D	13. B	14. F	15. E
第4部分	16. B	17. A	18. C	19. B	20. C

2. 阅读

第1部分	21. ×	22. ✓	23. ✓	24. ×	25. ×
第2部分	26. A	27. C	28. D	29. B	30. F
第3部分	31. B	32. D	33. C	34. A	35. E
第4部分	36. C	37. B	38. F	39. E	40. A

1 听 力

1 正解 ✓

スクリプト	スクリプト和訳
shí diǎn shí fēn 十 点 十 分	10時10分

2 正解 ✓

スクリプト	スクリプト和訳
wǒ de jiārén 我 的 家人	私の家族

3 正解 ✕

スクリプト	スクリプト和訳
zhuōzi xiàmiàn 桌子 下面	机の下

4 正解 ✓

スクリプト	スクリプト和訳
hěn duō gōngzuò 很 多 工作	たくさんの仕事

5 正解 ✕

スクリプト	スクリプト和訳
zuò chūzūchē 坐 出租车	タクシーに乗る

6 正解 **A**

スクリプト

Zhè shì shénme shuǐguǒ?
这 是 什么 水果 ？

スクリプト和訳

これは何という果物ですか？

7 正解 **B**

スクリプト

Tā zài xuéxiào gōngzuò, shì gè lǎoshī.
她 在 学校 工作，是 个 老师。

スクリプト和訳

彼女は学校で働いています。先生です。

8 正解 **A**

スクリプト

Nàjiā shāngdiàn jīntiān méi kāi.
那家 商店 今天 没 开。

スクリプト和訳

あのお店は今日は開いていません。

9 正解 **C**

スクリプト

Tóngxuémen dōu hěn gāoxìng.
同学们 都 很 高兴。

スクリプト和訳

同級生たちは皆喜んでいます。

10 正解 **C**

スクリプト

Tā hé māma dōu xǐhuān zuò cài.
她 和 妈妈 都 喜欢 做 菜。

スクリプト和訳

彼女とお母さんは二人とも料理をするのが
好きです。

第3回

97

第3部分 問題 p.44

第3部分　問題 p.44

11　正解 A

スクリプト

男：Xiǎopéngyou, nǐ kànjiàn wǒ de gǒu le ma?
男：小朋友，你 看见 我 的 狗 了 吗？

女：Shì qiánmiàn nàge ma?
女：是 前面 那个 吗？

スクリプト和訳

男：（子供に）ねえ、あなたは私の犬を見ましたか？
女：前にいるあの犬ですか？

12　正解 D

スクリプト

女：Wáng yīshēng, xièxie nǐ.
女：王 医生，谢谢 你。

男：Bú kèqi.
男：不 客气。

スクリプト和訳

女：（医師の）王先生、ありがとうございます。
男：どういたしまして。

13　正解 B

スクリプト

男：Yīfu mǎi hǎo le ma?
男：衣服 买 好 了 吗？

女：Méiyǒu, wǒ qù nàbian kànkan.
女：没有，我 去 那边 看看。

スクリプト和訳

男：服は買い終えましたか？
女：まだ買っていません。私はあっちをちょっと見てきます。

14　正解 **F**

> **スクリプト**

Nǐ huì xiě nàge zì ma?
女：你 会 写 那个 字 吗？

Wǒ huì xiě.
男：我 会 写。

> **スクリプト和訳**

女：あなたはその字を書くことができますか？
男：私は書くことができます。

15　正解 **E**

> **スクリプト**

Xiǎojiě, nǐ qù nǎr?
男：小姐，你 去 哪儿？

Běijīng fàndiàn.
女：北京 饭店。

> **スクリプト和訳**

男：お嬢さん、どちらへ行かれますか？
女：北京ホテルです。

第３回

16 正解 B

スクリプト

Shàngwǔ Xiǎo Wáng dǎ diànhuà shuō zhōngwǔ qǐng wǒmen chīfàn.
上午 小 王 打 电话 说 中午 请 我们 吃饭。

Xiǎo Wáng shénme shíhou qǐng tāmen chīfàn?
问：小 王 什么 时候 请 他们 吃饭 ？

スクリプト和訳

午前に王さんが電話をしてきて、お昼に私たちにご飯をごちそうしてくれると言いました。
問題：王さんはいつ彼らにご飯をごちそうしますか？

選択肢和訳　A 午前　　B 正午　　C 午後

17 正解 A

スクリプト

Jiālǐ méi chá le, hē bēi rèshuǐ.
家里 没 茶 了, 喝 杯 热水。

Jiālǐ méiyǒu shénme le?
问：家里 没有 什么 了 ？

スクリプト和訳

家にはお茶がなくなりましたので、お湯を飲んでください。
問題：家には何がなくなりましたか？

選択肢和訳　A お茶　　B 果物　　C お湯

18 正解 **C**

> **スクリプト**

Zuótiān xià yǔ le, yǒudiǎnr lěng.
昨天 下 雨 了，有点儿 冷。
　　　　Zuótiān tiānqì zěnmeyàng?
问：昨天 天气 怎么样 ?

> **スクリプト和訳**

昨日は雨が降ったので少し寒かったです。
問題：昨日の天気はどうでしたか？

選択肢和訳 A 寒い　　B 大変暑い　　C 雨が降った

19 正解 **B**

> **スクリプト**

Wǒ de xiǎo māo yí suì sān gè yuè le.
我 的 小 猫 一 岁 三 个 月 了。
　　　　Xiǎo māo duō dà le?
问：小 猫 多 大 了 ?

> **スクリプト和訳**

私の（飼っている）子猫は1歳3か月になりました。
問題：子猫は何歳になりましたか？

選択肢和訳 A 5か月　　B 1歳3か月　　C 3歳ちょっと

20 正解 **C**

> **スクリプト**

Zhège bēizi bāshí kuài qián.
这个 杯子 八十 块 钱。
　　　　Nàge bēizi duōshao qián?
问：那个 杯子 多少 钱 ?

> **スクリプト和訳**

このコップは80元です。
問題：そのコップはいくらですか？

選択肢和訳 A 11元　　B 18元　　C 80元

2 閲 読

第1部分　問題 p.46

21　正解 ✕

問題文和訳 椅子

> **解説** 中国語の "椅子" は背もたれのある「いす」を指す。写真の「ベッド」は "床" で日本語の意味と異なるので要注意。

22　正解 ✓

問題文和訳 40

> **解説** "sì" と "shí" の発音に注意。有名な早口言葉がある。"四是四，十是十，十四是十四，四十是四十"。

23　正解 ✓

問題文和訳 愛する

> **解説** "愛＋名詞" で「〜を愛する」の意味。「〜が好き」は "喜欢＋名詞" を使う。

24　正解 ✕

問題文和訳 読む

> **解説** 「本を読む」は "读书" である。

25　正解 ✕

問題文和訳 リンゴ

> **解説** "苹果" は「リンゴ」。写真の「オレンジ」は "橘子" である。

> 第**2**部分 | 問題 p.47

26 正解 **A**

問題文和訳 中にある物は大変多いです。

解説 "里面" は単独で「中」の意味。「～の中」という場合は "名詞＋里" と "里" のみでも用いることができる。"东西" は方角ではなく「物」を表す。よってAを選択。

27 正解 **C**

問題文和訳 ちょっと多めにお米のご飯を食べてください。

解説 "動詞＋（一）点儿" の形で「ちょっと～する」の意味。予定より多めの時、動詞の前に形容詞 "多" が置かれる。"米饭" はお米のご飯であることからCを選択。

28 正解 **D**

問題文和訳 王さんのバイクの後ろに乗っているあの人は誰ですか？

解説 主語 "那个人" の前はすべて修飾語である。"動詞＋在＋場所" で「（場所）に～する」の意味。動詞は "坐"、場所は "小王车后面" である。"小王" の "小" は自分よりも年下の人の姓の前につけて親しみを込めて呼ぶ時に使う。"车" は車、バイクなど車輪をもつ陸上の輸送道具全般を指す。"的" は連体形を作る時の助詞である。よってDを選択。

29 正解 **B**

問題文和訳 （男性の）銭さん、あなたとお知り合いになれてうれしいです。

解説 動詞 "认识" は「（人や事物を見て）知っている」という意味だが、人を目的語に取る時、その人物と面識がある場合に用いられる。挨拶でよく使われる言い回しなので覚えておこう。Bを選択。

30 正解 **F**

問題文和訳 あなたたちはパソコンで何を見ていますか？

解説 "在＋場所＋上" で「～で」の意味。"电脑" は「パソコン」である。疑問詞 "什么" は「何」の意味。"你们" は二人称複数であることからFを選択。

第3回

第3部分 | 問題 p.48

（選択肢和訳）

A 友達のところです。　　B 中国語です。　　C 少なくないです。

D 7月6日です。　　E 良いと聞いています。　　F はい、ありがとう！

31　正解 B

（問題文和訳） あなたは北京大学で何を勉強していますか？

解説 この"在"は介詞である。"在＋動作が行われる場所"の形で、「～で」の意味で、主語のすぐ後ろに置かれる。疑問詞の"什么"と"学习"から何を学んでいるかを聞かれていることが分かる。よってBを選択。

32　正解 D

（問題文和訳） ねえ、あなたは何日の飛行機で帰国しますか？

解説 "哪天"は「どの日、何日」と日にちを尋ねる疑問詞である。よってDを選択。

33　正解 C

（問題文和訳） 中国に行く学生は多いですか？

解説 主語は"去中国的学生"である。"的"は後続の名詞の修飾句となる。"吗"は文末に置いて疑問文を作る。少なくないと答えているCを選択。

34　正解 A

（問題文和訳） この3週間あなたはどこに泊まっていましたか？

解説 "動詞＋在＋場所"で「(場所)に～する」の意味。動詞は"住"、場所のところに場所を尋ねる疑問詞"哪儿"がきているので、答えは場所が入っているAを選択。

35　正解 E

（問題文和訳） 彼の仕事の調子はどうですか？

解説 疑問詞"怎么样"は「どんな」「どのような」の意味。この場合、仕事の状況がどうなったかについて尋ねているが、三人称単数の"他"について聞かれているため、伝聞の"听说"「聞くところによると～らしい、～だそうだ」が使われているEを選択。

選択肢和訳

A　なぜ／どうして　B　眠る、寝る　C　きれい／美しい　D　名前　E　映画　F　〜と

36　正解 C

問題文和訳 これらの服は全部あなたの娘さんが作ったのですか？　大変［美しい］ですね。

解説　"(是)〜的"構文である。「〜」にはすでに実現したことを入れると、取り立てて説明することになる。主語は"这些衣服"で「これらの服」の意味。程度副詞"太＋形容詞＋了"の形で「大変〜／〜すぎる」の意味。形容詞Cを選択。

37　正解 B

問題文和訳 昨日私が彼の家に行った時、彼は［寝ていた］のです。

解説　"(正)在＋動詞＋(呢)"で、動作の進行を表す。動詞であるBを選択。

38　正解 F

問題文和訳 彼［と］彼の子供は皆、本を読むことがとても好きです。

解説　このF"和"は接続詞である。"A和B"で「AとB」という意味。"都"は副詞で「みんな、すべて」の意味。

39　正解 E

問題文和訳 女：ごめんなさい。私はあなたと一緒に［映画］を観に行けなくなりました。
男：差し支えありません。

解説　"和＋名詞＋動詞"の形で「名詞と一緒に〜する」の意味。述語の部分は"去""看"と2つの動詞が続く連動文で「観に行く」の意味。目的語には名詞が入るが文脈上Eを選択。助動詞"能"は能力、条件の点で「できる」の意味。ここでは否定の"不"があるので「できない」となる。女性のおわびに対して男性は「差し支えない」「大丈夫である」の意味で"没关系"と答えている。

40　正解 A

問題文和訳 男：天さんは［なぜ］来なかったのですか？
女：彼女は入院しました。

解説　副詞"没"は所有や存在に対する否定以外に、過去の否定に用いられる。ここでは「来なかった」の意味。副詞の前には別の副詞か疑問詞しか入れられないので、方法や理由を尋ねる際に用いられる疑問詞A"怎么"が入る。

1級 第4回
解答・解説

聴 力 試 験・・・P.108 ～ P.113

読 解 試 験・・・P.114 ～ P.117

例題の解答は P.14 ～ P.17 で紹介しています。

正解一覧

1. 听 力

第1部分	1. ✓	2. ✓	3. ✓	4. ✕	5. ✕
第2部分	6. B	7. B	8. C	9. A	10. C
第3部分	11. B	12. D	13. E	14. A	15. F
第4部分	16. B	17. C	18. A	19. A	20. C

2. 阅 读

第1部分	21. ✓	22. ✕	23. ✕	24. ✓	25. ✕
第2部分	26. F	27. D	28. B	29. A	30. C
第3部分	31. D	32. C	33. A	34. E	35. B
第4部分	36. F	37. E	38. B	39. C	40. A

1 听力

1 正解 ✓

スクリプト	スクリプト和訳
zuò cài 做 菜	料理を作る

2 正解 ✓

スクリプト	スクリプト和訳
zhuōzi hé yǐzi 桌子 和 椅子	机と椅子

3 正解 ✓

スクリプト	スクリプト和訳
hěn duō shuǐguǒ 很 多 水果	たくさんの果物

4 正解 ✗

スクリプト	スクリプト和訳
sān gè rén 三 个 人	3人

5 正解 ✗

スクリプト	スクリプト和訳
zài xuéxiào 在 学校	学校にいる

6 正解 **B**

> スクリプト
>
> Tā shì zuò fēijī lái Běijīng de.
> 他 是 坐 飞机 来 北京 的。

> スクリプト和訳
>
> 彼は飛行機で北京に来たのです。

7 正解 **B**

> スクリプト
>
> Māo hé gǒu shì rén de hǎo péngyou.
> 猫 和 狗 是 人 的 好 朋友。

> スクリプト和訳
>
> 猫と犬は人間の良い友達です。

8 正解 **C**

> スクリプト
>
> Tā de māma shì lǎoshī.
> 她 的 妈妈 是 老师。

> スクリプト和訳
>
> 彼女のお母さんは先生です。

9 正解 **A**

> スクリプト
>
> Yīshēng jiào wǒ duō hē rèshuǐ.
> 医生 叫 我 多 喝 热水。

> スクリプト和訳
>
> 医者は私にたくさんお湯を飲むように言いました。

10 正解 **C**

> スクリプト
>
> Zhèr yǒu yìxiē píngguǒ.
> 这儿 有 一些 苹果。

> スクリプト和訳
>
> ここにいくつかリンゴがあります。

11 正解 B

スクリプト

男：<ruby>对不起<rt>Duìbùqǐ</rt></ruby>，<ruby>你<rt>nǐ</rt></ruby> <ruby>说<rt>shuō</rt></ruby> <ruby>什么<rt>shénme</rt></ruby>？ <ruby>我<rt>Wǒ</rt></ruby> <ruby>没<rt>méi</rt></ruby> <ruby>听见<rt>tīngjiàn</rt></ruby>。

女：<ruby>我<rt>Wǒ</rt></ruby> <ruby>说<rt>shuō</rt></ruby> <ruby>没关系<rt>méiguānxi</rt></ruby>。

スクリプト和訳

男：すみません。何とおっしゃいましたか？ 私は聞こえませんでした。

女：私は気にしないでくださいと言いました。

12 正解 D

スクリプト

女：<ruby>喂<rt>Wèi</rt></ruby>，<ruby>下<rt>xià</rt></ruby> <ruby>雨<rt>yǔ</rt></ruby> <ruby>了<rt>le</rt></ruby> <ruby>吗<rt>ma</rt></ruby>？

男：<ruby>下<rt>Xià</rt></ruby> <ruby>了<rt>le</rt></ruby>，<ruby>雨<rt>yǔ</rt></ruby> <ruby>很<rt>hěn</rt></ruby> <ruby>大<rt>dà</rt></ruby>。

スクリプト和訳

女：あら、雨が降ってきましたね？

男：はい。雨は強いですね。

13 正解 E

スクリプト

男：<ruby>谢谢<rt>Xièxie</rt></ruby> <ruby>你<rt>nǐ</rt></ruby> <ruby>请<rt>qǐng</rt></ruby> <ruby>我<rt>wǒ</rt></ruby> <ruby>吃<rt>chī</rt></ruby> <ruby>饭<rt>fàn</rt></ruby>。

女：<ruby>不<rt>Bú</rt></ruby> <ruby>客气<rt>kèqi</rt></ruby>。

スクリプト和訳

男：ご飯をごちそうしてくれてありがとう。

女：どういたしまして。

14 正解 **A**

Érzi zài jiā zuò shénme?
女：儿子 在 家 做 什么 ？
Zài kàn diànshì ne.
男：在 看 电视 呢。

女：息子は家で何をしていますか？
男：テレビを見ています。

15 正解 **F**

Xiǎojiě, zhège bēizi duōshao qián?
男：小姐，这个 杯子 多少 钱 ？
Qīshíbā kuài qián.
女：七十八 块 钱。

男：お嬢さん、このグラスはおいくらですか？
女：78元です。

🎧 21K1Q4-4

16 正解 B

スクリプト

Xīngqīwǔ wǒ hé tóngxué qù kàn diànyǐng le.
星期五 我 和 同学 去 看 电影 了。

Tā hé shéi qù kàn diànyǐng le?
问：他 和 谁 去 看 电影 了？

スクリプト和訳

金曜日に私は同級生と映画を観に行きました。
問題：彼は誰と映画を観に行きましたか？

選択肢和訳 A 息子　 B 同級生　 C 娘

17 正解 C

スクリプト

Jīntiān tài lěng le!
今天 太 冷 了！

Jīntiān tiānqì zěnmeyàng?
问：今天 天气 怎么样？

スクリプト和訳

今日は大変寒い！
問題：今日の天気はどうですか？

選択肢和訳 A 暑い　 B 良い　 C 寒い

18　正解 A

Wǒ shuìjiào qián xǐhuān dú shū.
我 睡觉 前 喜欢 读书。

Tā shuìjiào qián ài zuò shénme?
问：他 睡觉 前 爱做 什么？

私は寝る前に読書をするのが好きです。
問題：彼は寝る前に何をするのが好きですか？

選択肢和訳　A　読書する　　B　水を飲む　　C　ご飯を食べる

19　正解 A

Wǒ shì sì nián qián lái Zhōngguó xuéxí Hànyǔ de.
我 是 四 年 前 来 中国 学习 汉语 的。

Tā shì shénme shíhou lái Zhōngguó de?
问：他 是 什么 时候 来 中国 的？

私は4年前に中国に来て中国語を学んだのです。
問題：彼はいつ中国に来たのですか？

選択肢和訳　A　4年前　　B　6年前　　C　10年前

20　正解 C

Wǒ xiǎng mǎi yí gè dà yìdiǎnr de diànnǎo.
我 想 买 一 个 大 一点儿 的 电脑。

Tā xiǎng mǎi shénme dōngxi?
问：他 想 买 什么 东西？

私は大きめのパソコンを1台買いたいです。
問題：彼は何を買いたいですか？

選択肢和訳　A　椅子　　B　コップ　　C　パソコン

第4回

113

2 閲 読

第 1 部分 | 問題 p.56

21 正解 ✓

（問題文和訳）医者

（解説）職業としての「医者」「医師」。

22 正解 ✕

（問題文和訳）聞く

（解説）「見る」は"看（kàn）"で、「聞く」は"听（tīng）"である。基本的な単語は日本語と用いる漢字が違うことが多いので注意。

23 正解 ✕

（問題文和訳）タクシー

（解説）写真は洗濯機で"洗衣机"である。"出租车"は「タクシー」など、料金を払って一定時間借り切って利用する乗り物のことを指す。

24 正解 ✓

（問題文和訳）お米のご飯

（解説）特に米を炊いたものであることを強調する際に用いられるが、"饭（fàn）"だけで表されることも多い。

25 正解 ✕

（問題文和訳）さようなら

（解説）「また会いましょう」の意味から、別れ際の挨拶として使われる。

第4回

114

26 正解 **F**

（問題文和訳）彼女は車を運転できるようになりました。

（解説）結果補語 "会" は動詞の後について、「〜ができる」の意味。「〜」には学んで習得したことが入る。"了" は実現を表す助詞。実現したことは "开车" なのでFを選択。

27 正解 **D**

（問題文和訳）ここであなたにお会いできてうれしいです。

（解説）"见" は結果補語である。動詞や形容詞の後につく。"看见〜" は、意図と関係なく対象が目に入ってくること。ここでは挨拶時の表現として「あなたにお会いできて」となる。よってDを選択。

28 正解 **B**

（問題文和訳）彼女はきれいな服を買うのが好きです。

（解説）"爱＋動詞句" は「〜するのが好き」という表現のほか、悪い癖など「とかく〜したがる」と言う表現にも用いられる。"衣服" は服一般をさすことからBを選択。

29 正解 **A**

（問題文和訳）（男性に）すみませんが、ここで電話をしてはいけません。

（解説）"先生" は一般的に、社交の場における男性の尊称である。"不能〜" はここでは禁止を表す助動詞で、"打电话" で「電話をする」の意味。よってAを選択。

30 正解 **C**

（問題文和訳）今日は土曜日です。学校には人がいません。

（解説）"有" は存在を表す動詞である。語順は "場所＋有＋存在するものや人" となり、否定形は "没有" である。よってCを選択。

選択肢和訳

A 私の父です。　　　　　B 10分後です。　　　　　C 良いです。

D 3歳になりました。　　E できません。　　　　　F はい、ありがとう！

31 正解 D

問題文和訳 あなたの子犬は何歳ですか？

解説 "多大了" は年齢を聞く時に使う。大きさではない。よってDを選択。

32 正解 C

問題文和訳 今日のお茶はどうですか？

解説 "怎么样" は状況や様子を尋ねる以外に、意見や好みを聞く場合にも使う。意見を答えているCを選択。

33 正解 A

問題文和訳 後ろにいるあの人は誰ですか？

解説 疑問詞 "谁" があるので、誰か人について尋ねていることが分かるためAを選択。親族関係、所属関係など
を表す時には "我爸爸"「私の父」、"你们学校"「あなたたちの学校」などのように連体修飾の "的" を介さずに名詞を
並べることができる。

34 正解 E

問題文和訳 あなたは漢字を書けますか？

解説 "会" は可能の助動詞である。否定形は "不会" となるのでEを選択。

35 正解 B

問題文和訳 もしもし、あなたは何時にホテルに来られますか？

解説 助動詞 "能" は能力や条件の点で「〜ができる」の意味。"几点" は「何時」と時刻を尋ねる時の表現。よっ
て答えは時間に関する内容となりBを選択。

選択肢和訳

A 日　　B 住む　　C 昼ご飯　　D 名前　　E 生徒　　F 少ない

36 正解 **F**

問題文和訳 今日は本屋に本を買いにくる人は［少ないです］。

解説 程度副詞 "很" の後は通常は形容詞がくる。選択肢のうち形容詞はFのみ。

37 正解 **E**

問題文和訳 ［生徒］はこちらに座り、先生はあちらに座ります。

解説 Eの "学生" は日本語と同じように用いられるが、先生は "老师" が一般的。

38 正解 **B**

問題文和訳 私たちは今みんな、王さんの家に［住んでいます］。

解説 副詞 "都" の後ろには動詞が入るためBを選択。"動詞＋在＋場所" で「（場所）に〜する」の意味。

39 正解 **C**

問題文和訳 女：私は［昼ご飯］をきちんと作り終えました。あなたは少し食べますか？
　　　　　　男：ありがとう。私はもう食べました。

解説 結果補語 "好" は動詞の後について、「〜が満足のいく状態になる」の意味で、文末に変化の "了" を伴う。会話内の動詞 "做"、"吃" から、「何か食べものを作る」ことが分かるためCを選択。"饭" はいわゆる「ご飯」だけでなく、一般的な料理を指す。

40 正解 **A**

問題文和訳 男：あなたの娘さんはいつ帰ってきますか？
　　　　　　女：9月2［日］です。

解説 "哪天" は日にちを尋ねる疑問詞である。"号" は日付を表す際に用いられるのでAを選択。

1級 第5回
解答・解説

正解一覧

1. 听力

第1部分	1. ×	2. ✓	3. ✓	4. ×	5. ✓
第2部分	6. C	7. B	8. B	9. A	10. B
第3部分	11. B	12. F	13. D	14. A	15. E
第4部分	16. C	17. C	18. A	19. B	20. B

2. 阅读

第1部分	21. ✓	22. ×	23. ×	24. ✓	25. ×
第2部分	26. C	27. B	28. F	29. D	30. A
第3部分	31. C	32. A	33. B	34. E	35. D
第4部分	36. F	37. B	38. C	39. E	40. A

1 听 力

1 正解 ✕

スクリプト
méiyǒu qián
没有 钱

スクリプト和訳
お金がない

2 正解 ✓

スクリプト
dǎ chūzūchē
打 出租车

スクリプト和訳
タクシーを呼ぶ

3 正解 ✓

スクリプト
yīfu hěn dà
衣服 很 大

スクリプト和訳
服が大きい

4 正解 ✕

スクリプト
yìxiē píngguǒ
一些 苹果

スクリプト和訳
いくつかのリンゴ

5 正解 ✓

スクリプト
tā de xiǎo māo
她 的 小 猫

スクリプト和訳
彼女の子猫

6 正解 C

スクリプト

Lái, kànkan wǒ zuótiān mǎi de diànnǎo.
来，看看 我 昨天 买 的 电脑。

スクリプト和訳

来て、私が昨日買ったパソコンを見てください。

7 正解 B

スクリプト

Bàba xǐhuan fànhòu hē bēi rèchá.
爸爸 喜欢 饭后 喝 杯 热茶。

スクリプト和訳

父は食後に熱いお茶を飲むのが好きです。

8 正解 B

スクリプト

Wǒ tīngbùjiàn, nǐ shuō shénme?
我 听不见，你 说 什么？

スクリプト和訳

私は聞こえません。あなたは何と言ったのですか？

9 正解 A

スクリプト

Zhè shì wǒ nǚér.
这 是 我 女儿。

スクリプト和訳

これは私の娘です。

10 正解 B

スクリプト

Nà běn shū méi zài zhuōzi shàng.
那 本 书 没 在 桌子 上 。

スクリプト和訳

その本は机の上にありません。

11 正解 B

スクリプト

Wèi, nǐmen zài nǎr?
男：喂，你们 在 哪儿？

Wǒ zěnme méi kànjiàn nǐmen?
我 怎么 没 看见 你们 ？

Wǒmen zài nǐ hòumiàn ne.
女：我们 在 你 后面 呢。

スクリプト和訳

男：もしもし、あなたたちはどこにいますか？

私はどうしてあなたたちを見つけられないのですか？

女：私たちはあなたの後ろの方にいますよ。

12 正解 F

スクリプト

Xièxie nǐ qǐng wǒ chī fàn.
女：谢谢 你 请 我 吃 饭。

Bú kèqi, nǐ néng lái wǒ hěn gāoxìng.
男：不 客气，你 能 来 我 很 高兴。

スクリプト和訳

女：ご飯をごちそうしてくれてありがとう。

男：どういたしまして。あなたが来てくれてうれしいです。

13 正解 D

スクリプト

Nǐhǎo, wǒ shì Guǒguo de tóngxué, tā zài jiā ma?
男：你好，我 是 果果 的 同学，他 在 家 吗 ？

Tā zài shuìjiào, wǒ qù jiào tā.
女：他 在 睡觉，我 去 叫 他。

スクリプト和訳

男：こんにちは。私は果果さんの同級生です。彼はご在宅でしょうか？

女：彼は寝ているので、私が呼んできますね。

14 正解 **A**

　　　Xiàyǔ le, nǐ qù nǎr?
女：下雨 了，你 去 哪儿 ？

　　　Yí gè péngyou zhùyuàn le, wǒ qù kànkan tā.
男：一 个 朋友 住院 了，我 去 看看 他。

女：雨が降ってきましたが、あなたはどこに行くのですか？

男：友達が入院しましたので、私は彼のお見舞いにちょっと行ってきます。

15 正解 **E**

　　　Nǐ zuótiān zuò shénme le?
男：你 昨天 做 什么 了 ？

　　　Wǒ qù shāngdiàn mǎi yīfu le.
女：我 去 商店 买 衣服 了。

男：あなたは昨日何をしましたか？

女：私はお店に行って服を買いました。

第5回

16 正解 C

スクリプト

Dǎ diànhuà de nàge rén wǒ rènshi, shì wǒ de lǎoshī.
打 电话 的 那个 人 我 认识，是 我 的 老师。

Dǎ diànhuà de rén shì shéi?
问：打 电话 的 人 是 谁？

スクリプト和訳

電話をしているあの人を私は知っています。私の先生です。
問題：電話をしている人は誰ですか？

選択肢和訳 A 私の同級生　　B 私の友達　　C 私の先生

17 正解 C

スクリプト

Xiàwǔ wǒ bù xiǎng xuéxí le, xiǎng qù kàn diànyǐng.
下午 我 不 想 学习 了，想 去 看 电影。

Tā xiàwǔ xiǎng zuò shénme?
问：他 下午 想 做 什么？

スクリプト和訳

午後に私は勉強したくありません。映画を観に行きたいです。
問題：彼は午後に何をしたいのですか？

選択肢和訳 A 勉強する　　B 仕事をする　　C 映画を観る

正解 **A**

> **スクリプト**

Tīngshuō nǐ nàr xiànzài hěn rè, duō hē diǎnr shuǐ.
听说 你 那儿 现在 很 热, 多 喝 点儿 水。

Nàr tiānqì zěnmeyàng?
问：那儿 天气 怎么样？

> **スクリプト和訳**

あなたのところは今暑いと聞きました。お水をたくさん飲んでください。
問題：そこの天気はどうですか？

（**選択肢和訳**）A 暑い　　B 雨が降っている　　C 大変寒い

19 正解 **B**

> **スクリプト**

Wǒ dú dàxué de shíhou bú zhù xuéxiào, zhù zài jiālǐ.
我 读 大学 的 时候 不 住 学校, 住 在 家里。

Tā dú dàxué shí zhù zài nǎr?
问：他 读 大学 时 住 在 哪儿？

> **スクリプト和訳**

私は大学生の時、学校（の寮）ではなく、家に住んでいました。
問題：彼は大学生の時、どこに住んでいましたか？

（**選択肢和訳**）A 学校　　B 家　　C 友達の家

20 正解 **B**

> **スクリプト**

Wǒ bàba jīntiān shàngwǔ qù Běijīng le.
我 爸爸 今天 上午 去 北京 了。

Bàba shénme shíhou qù de Běijīng?
问：爸爸 什么 时候 去 的 北京？

> **スクリプト和訳**

私の父は今日の午前に北京に行きました。
問題：お父さんはいつ北京に行きましたか？

（**選択肢和訳**）A 昨日　　B 今日の午前　　C 今日の午後

第5回

2 閲 読

第**1**部分 | 問題 p.66

21 正解 ✓

（問題文和訳）読む

（解説）"看" は「（意識的に）見る」こと以外に「（書物などを）読む」の意味もある。

22 正解 ✕

（問題文和訳）お願いする

（解説）何かを依頼する際、"请＋動詞"の形で用いる。

23 正解 ✕

（問題文和訳）コップ

（解説）写真の「箸」は "筷子" である。"杯子" は飲み物を飲む時の入れ物一般を指すので、場合によって「コップ」、「カップ」、「湯のみ」、「盃」などに訳が分かれるので注意。

24 正解 ✓

（問題文和訳）愛

（解説）ここでは名詞として「愛」「愛情」の意味。動詞としては「愛する」「～することがとても好きだ」「～しがちだ」などの意味を持つ。

25 正解 ✕

（問題文和訳）学生

（解説）"学生" は日本語と同じように用いられる。しかし「先生」は "老师" が一般的。

26 正解 C

（問題文和訳）お嬢さん、これはあなたのものです。

（解説）"东西" は方角ではなく物のこと。ここでは荷物を指す。よってCを選択。

27 正解 B

（問題文和訳）どうして不機嫌になったのですか？　私にちょっと話してもらうことができますか？

（解説）形容詞 "高兴" の否定は前に "不" を置く。語彙の意味が分かればBを選択できる。なお疑問詞 "怎么" は動作の方法を尋ねるほかに、原因や理由を尋ねる場合にも使う。助動詞 "能" は周囲の事情や人情・道理などから許可・許容されることを表し、疑問や否定の形で用いることが多い。また、"和＋名詞＋動詞" の形で「名詞と一緒に～する」の意味。

28 正解 F

（問題文和訳）彼は私の後ろに座っています。

（解説）"動詞＋在＋場所" で「（場所）に～する」の意味。動詞は "坐"、場所は "我后面" である。よってFを選択。なお、"坐" は「座る」という意味のほか、乗り物に乗って移動する際にも用いられる。

29 正解 D

（問題文和訳）彼女は今日で21歳になりました。

（解説）文末にある語気助詞 "了" は、「ある新たな状況になった」ことを表す。ケーキで祝っているDを選択。

30 正解 A

（問題文和訳）これは私が中国で買った椅子です。

（解説）中国語の "椅子" は背もたれのあるもの。主語は "这"、動詞は "是"、目的語は "椅子"、"我在中国买的" は "椅子" を修飾する。よってAを選択。介詞 "在" は "在＋場所" の形で「～で」の意味。

選択肢和訳

A 18元です。　　　　　B 5か月とちょっとです。　　C ちょっと大きいです。
D 大丈夫です。　　　　E 私の夫です。　　　　　　F はい、ありがとう！

---

31 正解 **C**

問題文和訳 このテレビはどうですか？

解説 疑問詞 "怎么样" は「どんな」「どのような」の意味。様子を表す答えであるCを選択。"有点儿" は形容詞の前に置かれて「少し、ちょっと」の意を表すが、否定的なニュアンスがある。

---

32 正解 **A**

問題文和訳 これらの果物はいくらですか？

解説 "多少钱？" は値段を聞くフレーズとして覚えておこう。よって答えは金額が書かれているAを選択。"这些" は複数の場合に用いる。

---

33 正解 **B**

問題文和訳 あなたの子犬は何歳ですか？

解説 "多大了" は年齢を聞く時に使う。大きさではない。Bの "5个多月" の "多" は、数が1桁の時は量詞の後に置いて「〜以上」の意味になる。

---

34 正解 **E**

問題文和訳 明日は誰があなたと病院に行きますか？

解説 疑問詞 "谁" があるため、誰か人について尋ねていることが分かる。よってEを選択。"和＋人＋（一起）＋動詞" で「人と一緒に〜する」の意味。

---

35 正解 **D**

問題文和訳 すみません。私は電話（の音）が聞こえませんでした。

解説 結果補語 "见" は動詞の後について、「〜を知覚する」の意味。ここでは動詞は "听" なので「聞こえる」「耳に入ってくる」となる。否定は動詞の前に "没" がつく。謝罪に対して「差し支えない」「大丈夫である」の意味でDを選択。

選択肢和訳
A ～が好き　　　　B 仕事　　　　　C 少ない　　　　　D 名前
E 全部　　　　　　F （"不"を伴って）それほど～ではない

36　正解 F

問題文和訳　私は10月に北京に行きたいです。その頃なら寒［すぎる］はずがないからです。

解説　程度副詞"太＋形容詞＋了"で「大変～／～すぎる」の形。よってFを選択。否定形は"了"が入らず、（　　）の前に可能性や推測を表す助動詞"会"の否定形"不会"があるため"了"がついていない。"不会"は「はずがない」「ありえない」の意味。

37　正解 B

問題文和訳　私の息子は大学の先生です。［仕事をして］3年になります。

解説　"動詞＋時間＋了"、または"動詞＋了＋時間＋了"でその動作が今でも継続していることを指す。大学の先生なのでBを選択。

38　正解 C

問題文和訳　今は（夜の）11時過ぎになったので、タクシーが［少なく］なりました。

解説　主語は"出租车"である。程度副詞"很"は後ろに形容詞を伴うためCを選択。

39　正解 E

問題文和訳　女：これらのおかずは［全部］あなたが作ったのですか？
　　　　　　男：いいえ、私の母が作ったのです。

解説　"菜"はここでは「おかず」の意味。"这些"は複数。動詞"是"は"AはBである"の形で「AはBである」という述語文を作り、主語が複数形の場合、"是"の前に副詞"都"が入ることからEを選択。なお、"(是)～的"はすでに行われた動作の時間や場所、方法について強調する構文である。

40　正解 A

問題文和訳　男：私は車を運転するのは［好きでは］ありません。
　　　　　　女：それでは私が運転しましょう。

解説　動詞"喜欢"は動詞句を目的語に取ることができる。（　　）のすぐ後ろに動詞句"开车"があるのでAを選択。

深圳大学 東京校 3つの特徴

特徴1

日本にいながらにして中国有名総合大学の学士を取得

日本にいながらにして中国四大都市の一つで、アジアのシリコンバレーと呼ばれる深圳の有名総合大学の深圳大学の学士を取得可能です。中国の大学の学士となりますが、日本の大学の学士とほぼ違いはなく、本学で学士取得後、日本国内の大学院への進学や、他大学との単位交換なども可能です。　＊文部科学省へ外国大学等の日本校としての指定を申請中(2023年4月現在)

⋰ PICK UP! ⋱　**深圳大学は、世界大学ランキングでも高い評価を得ています**

比較　**U.S.News大学ランキング**

深圳大学
世界で
271位

200位以上の差！

500
600
日本のトップ私立大学

特徴2

中国語プラスαの能力を身につけることが可能

深圳大学現地から派遣された中国人講師が初心者にもわかる中国語を直接授業。副専攻として、経営管理やイノベーションなどについて学ぶ経営学、プログラミング、クラウド管理等を学ぶ情報コミュニケーション学を選択可能。中国語だけでなく、＋αの実践的な能力を身につけた、中国語人材の中でも競争力のある人材を育成します。

特徴3

HSK保持者に対する豊富な奨学金、最短2年で卒業可能

HSK保持者には最大24万円の奨学金がでます。また、HSK上位級の早期取得且つ成績優秀者は飛び級が可能で、最短2年で卒業できます。

深圳大学 東京校　卒業後の進路

深圳大学 東京校で中国語をマスターすれば、中国系企業への就職や大学院進学など、中国語を活かしたさまざまな進路を目指すことができます。

1. 観光、貿易、金融、IT業界等の日系企業や今後増えていく中国系企業への就職
2. 中国系グローバル企業への就職
3. 深圳大学大学院(中国語文学／経営学専攻／金融IT専攻)への進学

本書は、株式会社スプリックスが中国教育部中外語言交流合作中心の許諾に基づき、翻訳・解説を行ったものです。日本における日本語版の出版の権利は株式会社スプリックスが保有します。

中国語検定 **HSK**公式過去問集**1**級 ［**2021**年度版］

2021 年 12 月 10 日　初版　第 1 刷 発行
2023 年 8 月 15 日　初版　第 2 刷 発行

著　　　　者：問題文・音声 中国教育部中外語言交流合作中心
　　　　　　　翻 訳・解 説 株式会社スプリックス
編　　　　者：株式会社スプリックス
発　行　　者：常石 博之
Ｄ　Ｔ　　Ｐ：株式会社インターブックス
印 刷・製 本：株式会社インターブックス
発　行　　所：株式会社スプリックス
　　　　　　　〒171-0021　東京都豊島区西池袋1-11-1
　　　　　　　メトロポリタンプラザビル 12F
　　　　　　　TEL 03 (5927) 1684　　FAX 03 (5927) 1691　　Email ch-edu@sprix.jp

落丁・乱丁本については、送料小社負担にてお取り替えいたします。
SPRIX Inc. Printed in Japan　ISBN978-4-906725-46-5

HSK日本実施委員会 公認

SPRIX